L'ORPHELINE,

COMÉDIE

EN TROIS ACTES ET EN PROSE,

Représentée, pour la premiere fois, sur le Théâtre du Palais-Royal, le mardi 4 août 1789.

Par M. Le Brun.

A AVIGNON,

Chez Jacques Garrigan, Imprimeur-Libraire, Place Saint-Didier.

PERSONNAGES.	ACTEURS.
LA COMTESSE D'ELMONT.	Mad. Germain.
LE COMTE D'ELMONT, fils de la Comtesse.	M. St. Clair.
LE COMTE DE VALBOURG, père de Julie.	M. Monvel.
JULIE.	Mad. St. Clair.
LE MARQUIS DE VERVILLE.	M. Chatillon.
PICARD, valet de chambre du Comte d'Elmont.	M. Michaud.
LOUISON, femme de chambre de la Comtesse.	Mad. Dambly.
UN LAQUAIS.	

La Scene, aux deux premiers Actes, est à la campagne. Le troisieme se passe à Paris.

L'ORPHELINE,
COMÉDIE.

ACTE PREMIER.
Le Théâtre représente un salon de campagne.

SCENE PREMIERE.
PICARD, LOUISON.

LOUISON.

Vous voilà donc enfin commensaux du même hôtel.

PICARD.

Oui, ma charmante. Nous logeons sous le même toit, en attendant mieux.

LOUISON.

Ah! tu en reviens toujours à ces folies.

PICARD.

Est-ce être fou que de vouloir t'épouser ?

LOUISON.

Sans doute, quand la chose est impossible.

PICARD.

Impossible ! Eh pourquoi ?

LOUISON.

Veux-tu que je te dise ? Le mariage n'est fait que pour les gens opulens. Nous autres pauvres diables qui contractons au service l'habitude de l'aisance & de la paresse, sommes-nous propres à entrer en ménage ?

PICARD.

L'aisance & la paresse ! Sais-tu ce que le sort nous réserve ? Qui t'a dit que nous ne ferions pas une fortune, & que tu ne pourrois pas enfin te livrer à ta passion dominante ?

LOUISON.

Je conviens que j'aime le repos, & que je ferois un cas particulier de l'être aimable qui m'en assureroit la jouissance ; mais cela te paroit-il bien aisé ?

PICARD.

Rien de plus facile, mon cœur. Pour faire fortune au service, il ne faut que connoître ses maîtres & flatter leurs passions. J'ai servi deux ans le Marquis de Verville. Je lui ai rendu de ces bons offices que les grands Seigneurs n'oublient jamais, & qu'ils paient au poids de l'or.

A 2

LOUISON.
Monsieur Picard, vous n'êtes pas délicat.
PICARD.
Au contraire, mon enfant. C'est par excès de délicatesse que je n'y ai pas regardé de si près. J'ai envisagé comme excellens tous les moyens de me rapprocher de ma Louison.
LOUISON.
Je dois au moins te savoir gré du motif.
PICARD.
Je t'assure que si le Comte d'Elmont, mon nouveau maître, a les goûts du Marquis de Verville, je ne tarderai pas à en tirer parti, & à le rendre la cheville ouvrière de nos projets. Commençons par former une ligue offensive & défensive envers & contre tous. Tu pallieras mes fautes, je couvrirai tes sottises, tu me recommanderas à mon maître; je ferai valoir ton zele auprès de ta maîtresse, & nous serons bien mal adroits, si dans deux ou trois ans nous ne sommes pas en état de quitter honorablement le service.
LOUISON.
Voilà de grands desseins, mon ami.
PICARD.
Veux-tu te prêter à leur exécution?
LOUISON.
Volontiers. A condition toutefois que tu n'entreprendras rien sans me consulter.
PICARD.
Tope. Touches-là, ma chere Louison, & qu'un baiser soit le sceau de notre petit traité.
LOUISON.
Doucement, Monsieur Picard, vous n'avez pas encore fait fortune.
PICARD.
A la bonne heure, mais ne perdons pas de temps. Voyons, dépeins-moi les individus qui regnent sur nous par le droit du plus riche.
LOUISON.
D'abord, la Comtesse d'Elmont, veuve intéressante & jeune encore, idolâtre de son fils unique, le jeune Comte d'Elmont, dont tu as enfin l'honneur d'être le valet de chambre.
PICARD.
Elle l'idolâtre? bon. Elle fournira à ses prodigalités.
LOUISON.
Pas du tout. Elle l'aime sensément.
PICARD.
Son genre de vie?
LOUISON.
Exemplaire dans toute la force du mot.
PICARD.
Diable! Ses liaisons?

COMEDIE.
LOUISON.
Elle les borne à la Société de la Présidente de Tourville, dont la campagne est à une lieue de ce château.
PICARD.
Ce n'est pas là ce que je te demande. N'a-t-elle pas quelqu'un qui.... que.... que diable, tu m'entends, un homme dont.... un bon ami enfin!
LOUISON.
Depuis quatorze ans l'amitié la plus étroite l'unit au Comte de Valbourg.
PICARD.
Ah! je commence à voir clair.
LOUISON.
Tu te trompes, mon cher Picard. Le Comte de Valbourg est un Seigneur généralement respecté, & malgré l'amitié qui regne entre lui & ma maitresse, leur réputation est demeurée intacte. D'ailleurs, on commence à lui soupçonner des desseins sérieux sur Mademoiselle Julie, cette Orpheline dont je t'ai déjà parlé.
PICARD.
Des desseins, à la bonne heure. Mais des desseins sérieux! ah! ah! ah! ah!
LOUISON.
Oui, sérieux, & très sérieux. Le Comte de Valbourg respecte trop son amie, pour en avoir d'autres sur une fille dont elle prend soin depuis quatorze ans, dont, à la vérité, on ignore la naissance, mais à qui sa beauté, ses talens & ses bonnes qualités tiennent lieu de tant d'avantages.
PICARD.
A ce que je puis voir les profits sont rares dans cette maison.
LOUISON.
Rares; non: mais ils sont proportionnés aux services, & comme personne n'en exige ici du genre de ceux que les grands Seigneurs n'oublient jamais, & qu'ils payent au poids de l'or, on doit s'y interdire toute idée de fortune rapide, & brillante.
PICARD.
Ah! voilà les petits esprits. Les moindres obstacles les effrayent, & ils tombent dans le découragement.
LOUISON.
Je te dispense de faire les honneurs de mes facultés intellectuelles. Quelques avantages que te donne sur moi ton imagination vive & scintillante, souviens-toi que je dois te guider en tout. C'est le premier article de notre traité.
PICARD.
Et il tiendra, ma Louison, j'en atteste l'amour. Termines tes portraits par celui du jeune Comte d'Elmont. Quel homme est-ce?
LOUISON.
Un jeune homme charmant qui vient de finir ses exercices.
PICARD.
Et la petite Julie, hem! pas de droit du Seigneur?

LOUISON.

Il chérit sa mere, & regarde sa protégée comme une sœur adoptive, qu'il aime de tout son cœur. Voilà tout.

PICARD.

Je vais donc habiter avec des êtres parfaits, & il faudra devenir hypocrite.

LOUISON.

Hypocrite, non. Mais imiter les modeles que tu auras sous les yeux, & surtout oublier, s'il est possible, que tu as servi le Marquis de Verville.

PICARD.

Mais à propos du Marquis de Verville, il est l'intime ami de mon nouveau maître. Comment Madame la Comtesse s'accommode-t-elle de cette intimité?

LOUISON.

L'amitié du jeune Comte pour le Marquis est le seul défaut qu'on lui connoisse, & on espere qu'il en sentira les dangers.

PICARD.

Oui, mais en attendant qu'il ouvre les yeux, nous tirerons parti de son aveuglement. Le Marquis est de ces gens qui font circuler les vices sous l'enveloppe des graces. Un jeune homme, échappé des mains d'un gouverneur, a plus d'envie de copier ces importans freluquets, que de prudence pour se garantir de leurs séductions, & je vois que dans tous les temps le Marquis de Verville doit être l'agent de ma fortune.

LOUISON.

Monsieur Picard, écoutez-moi bien: j'aime, j'estime, je respecte mes maîtres. Si vous voulez que nous soyons amis, vous partagerez mon dévouement pour eux. Loin de tendre des pièges au Comte, j'espere que vous m'avertirez des folies où on pourroit l'entraîner. Souvenez-vous que je ne serai jamais la femme de quelqu'un, qui, à la faveur d'un peu d'or, mal acquis, me feroient éprouver les vices & les ridicules d'un Marquis de Verville.

PICARD.

Tu-dieu, ma princesse, quel flux de morale! Si je t'en croyois, de valet de chambre, je deviendrois précepteur.

LOUISON.

Pourquoi non? La fortune t'a placé au dernier rang; mais tu peux tirer parti de ta situation. Un galant homme sait toujours se faire estimer.

PICARD.

Ah! voilà de la philosophie à présent. Je vois bien que dans ce château la conversation est souvent montée sur le ton sérieux.

LOUISON.

Paix. J'entends quelqu'un. C'est le Comte de Valbourg. Levé si matin!

PICARD.

Effectivement à l'heure qu'il est, nous pouvions espérer de prolonger notre tête à tête. Il faut qu'il soit violemment épris. Celui-ci, du moins, nous sera bon à quelque chose.

SCENE II.
PICARD, LOUISON, VALBOURG.

VALBOURG, *rêvant.*

AH! bon jour, Louison.... la Comtesse est-elle visible?

LOUISON.

Non, Monsieur le Comte. Visible à six heures du matin?

VALBOURG, *tirant sa montre.*

Cela est vrai. Il n'est que six heures.... Quel est ce garçon?

LOUISON.

C'est un jeune homme qu'on a placé hier en qualité de valet de chambre auprès de M. le Comte d'Elmont.

VALBOURG.

Auprès du Comte d'Elmont? D'où sortez-vous, mon ami?

PICARD.

De chez le Marquis de Verville, Monsieur.

VALBOURG.

Le Marquis de Verville? Je doute que vous conveniez ici.

PICARD.

Monsieur..... Je.....

VALBOURG.

Si vous voulez mériter la bienveillance de vos maîtres, consultez Louison. C'est une fille estimable, attachée à ses devoirs, qui aime Julie.

LOUISON.

Eh, Monsieur, qui ne l'aimeroit pas?

VALBOURG, *tirant sa bourse.*

Tiens, mon enfant; ce n'est pas ton zele pour Julie que je paie. C'est une marque de mon amitié que je suis bien aise de te donner.

PICARD, *à part.*

Charmant début! Il en tient pour Julie. (*Il sort.*)

LOUISON.

Ah! Monsieur..... ma reconnoissance.....

VALBOURG.

C'est assez, c'est assez, mon enfant. (*Il se promene.*) Je ne croyois pas qu'il fut si matin.... Sans doute la Comtesse repose.... Si cependant elle étoit éveillée... mon cœur a besoin de s'épancher. Ecoutes.

LOUISON.

Monsieur?

VALBOURG.

Montes chez ta maîtresse; marches doucement, bien doucement. Si elle ne dort plus, dis-lui que son vieil ami la prie de descendre.

LOUISON.

Oui, Monsieur. (*Elle sort.*)

SCENE III.
VALBOURG, *seul.*

Cœur sensible d'un pere, cœur depuis si long-temps agité, n'auras-tu jamais de repos? Julie, enfant infortuné, que je vais voir peut-être marqué du sceau de l'infamie, ô ma fille, me pardonneras-tu ta naissance, si les lois te condamnent à l'oubli? Et toi, amie fidelle, qui élevas, sans le connoître, le fruit malheureux de l'amour le plus tendre, tu ne soupçonnes pas les alarmes qui me poursuivent. C'est aujourd'hui le jour. La mémoire de ma femme, mon sort, celui de ma fille, tout va, dans peu d'instant, être irrévocablement fixé. L'incertitude de mon avenir me tourmente. O vous, qui gémissez sous le poids de l'indigence & des calamités, voyez mon sort, & apprenez à bénir le vôtre. Une main barbare ne vous arrache pas vos femmes, vos enfans. Au milieu de vos peines, leurs caresses, leurs larmes mêmes sont votre consolation.... Le pain trempé de vos sueurs, perd son amertume entre la nature & l'amour. Et moi.... ma femme.... ma fille.... ma Julie....

SCENE IV.
VALBOURG, LOUISON.
LOUISON.

Madame la Comtesse étoit levée, Monsieur, elle descend.

VALBOURG.

C'est bien..... Je vous remercie.

SCENE V.
VALBOURG, *seul.*

Effaçons, s'il se peut, la trace de nos larmes. Remettons-nous, & ménageons la sensibilité de nos amis.

SCENE VI.
VALBOURG, LA COMTESSE.
LA COMTESSE.

Vous voilà descendu bien matin, mon ami. Depuis que vous êtes chez moi le sommeil semble vous fuir.

VALBOURG.

Il est vrai, Madame, que depuis quelque temps je dors bien peu.... mais mon cœur seroit moins tranquille encore à Paris qu'ici.

LA COMTESSE.

Qui peut troubler votre tranquillité? De la fortune, de la santé, de la considération, vous avez tout ce qui rend la vie douce. L'amitié, la tendre amitié vient l'embellir encore, & vous

COMÉDIE.

VALBOURG.

Le premier des biens; le repos de l'ame.

LA COMTESSE.

Vous m'inquiétez.

VALBOURG.

Mes peines ne sont pas nouvelles. Depuis quinze ans elles sont renfermées là.

LA COMTESSE.

Et pas un seul moment de confiance qui m'en ait rendu dépositaire! Ah! Valbourg!

VALBOURG.

Le triste plaisir de vous parler de mes chagrins m'auroit-il consolé de vous les voir partager? J'ai souffert, mais seul. J'ai vu mon amie heureuse, & j'ai quelquefois eu la satisfaction de contribuer à son bonheur.

LA COMTESSE.

Achevez donc, cruel homme, & prouvez-moi que je suis en effet votre amie. Quels sont ces chagrins!

VALBOURG.

Rappelez-vous, Comtesse, les premiers temps de notre intimité? Elle commença lors de la mort de votre époux. Une même mélancolie s'étoit emparée de nos ames, & ce sentiment accrut & cimenta notre amitié. Nous étions tous deux victimes d'une douloureuse séparation.

LA COMTESSE.

Quoi, mon ami, vous fûtes époux!

VALBOURG.

Et je suis pere. Une jeune personne favorisée également par la nature & par la fortune, sut autrefois m'inspirer la passion la plus violente.... Ses parens me la refuserent. J'étois jeune, ardent, persuasif, on m'aima & on ceda à mes instances. Un mariage secret, mais légal, me rendit enfin le plus heureux des hommes. Hélas! tant de félicité ne dura qu'un moment. Ma femme expira dans mes bras, en donnant le jour à l'enfant le plus désiré. Je mouillai de mes larmes les restes inanimés de mon épouse, j'effaçai les traces de ce funeste événement, j'emportai mon enfant, & je le confiai à des mains sûres. Le pere de ma femme ignora, ou feignit d'ignorer la cause de sa perte. Tout se passa sans éclat. Je ne vous peindrai pas l'excès de ma douleur.... Vous fûtes frappés du même coup. Vous offrir le tableau de mes peines, ce seroit vous rappeler les vôtres.

LA COMTESSE.

Je ne les ai que trop senties. Que serois-je devenue sans mon fils?

VALBOURG.

Et sans mon enfant, quel eût été mon sort! Si j'ai souvent déploré sa naissance, au moins je me suis quelquefois attendri à ses côtés. Il semble que ses premiers malheurs m'y attachent plus fortement encore.

LA COMTESSE.

Qu'est devenu cet enfant?

VALBOURG.

Il est bien.... Ah! le pere le plus tendre n'auroit pas fait plus que les mains bienfaisantes qui ont élevé son enfance. Mais, mon amie, cet être infortuné ne tient encore à rien dans l'univers.

Le pere de mon épouse mourut il y a un an. Je crus que c'étoit le moment de faire reconnoître un mariage contre lequel l'autorité paternelle ne pouvoit plus s'élever. Je jugeai ne devoir pas laisser perdre une fortune considérable que la nature accorde à cet enfant qui ne me connoît pas encore, & qui me connoîtroit en vain, s'il doit être compté parmi les fruits d'un amour illicite. Je présentai mes titres, & des collatéraux avides & cruels oserent les méconnoître. On attaque la validité de mon mariage, & en premiere instance il fut déclaré nul. Concevez mon désespoir. J'appelai de ce jugement. Les plus célebres jurisconsultes s'occupent sans relâche de ma cause, & me promettent un jugement avantageux. Mais plus l'instant approche, plus mes craintes augmentent, plus la constance & l'espoir m'abandonnent. C'est aujourd'hui que mon sort se décide.... Quand je pense que dans quelques heures je peux rougir devant les lois du titre sacré de pere, & qu'un enfant adoré me reprochera peut-être de lui avoir donné l'existence.... Ah! mon amie, cette situation est affreuse, vous seule pouvez l'adoucir, soutenir mon courage, & ranimer mes espérances. Voilà le but d'une confidence trop tardive, peut-être, mais devenue nécessaire à mon cœur.

LA COMTESSE.

C'est au bord du précipice que votre secret vous échappe! & vous me laissez ignorer le nom de votre enfant & le lieu de sa retraite! doit-il avoir un autre asile que ma maison! Si c'est une fille, quelle autre que moi doit lui tenir lieu de mere, si la loi la condamne! ou si l'événement est tel que nous le désirons, Mademoiselle de Valbourg peut-elle être plus décemment que chez moi? Dans tous les cas, mon ami, vous me devez une confiance entiere.

VALBOURG.

Dès que je saurai son sort, je vous l'apprendrai. S'il est conforme à mes vœux, avec quel plaisir je vous présenterai cet enfant chéri, qu'alors il me sera possible d'avouer sans rougir. Epargnez-moi, ma tendre amie, le chagrin & la honte de le faire paroître devant vous avant le moment décisif.

LA COMTESSE.

Je n'insiste plus. L'amitié ne doit pas être exigeante. Je me bornerai à des consolations, puisque vous refusez mes services. J'aurois cru cependant qu'après les obligations que vous a mon fils, vous auriez consenti à me devoir quelque chose.

VALBOURG.

Je vous dois plus que vous ne pen...... Et quant à votre fils, je n'ai consulté que mon inclination, en cultivant l'esprit & la
d'un jeune homme aimable qui répond si parfaitement à

COMEDIE.

mes soins. Je vous avoue cependant que je suis affligé & surpris de son étroite liaison avec le Marquis de Verville. Cet ami ne lui convient pas, il doit s'en être aperçu, & il vient l'établir dans son château ! Nous penserons aux moyens de rompre ce commerce dangereux.

LA COMTESSE.

Vous me prévenez. Je voulois vous en parler. Nous nous en occuperons. Livrons-nous à présent à l'idée consolante d'un jugement avantageux. Mais voici ma Julie, cet enfant si digne de connoître ses parens, & de faire leur bonheur.

VALBOURG.

Je ne la vois jamais sans éprouver une émotion.....

LA COMTESSE.

Sa vue doit vous rappeler.....

VALBOURG.

Ah ! tout, Madame, tout.

SCENE VII.
Les Précédens, JULIE.

JULIE, *embrassant la Comtesse.*

Bonjour, ma chere maman. Monsieur le Comte, je vous salue.

LA COMTESSE.

Tu ne l'embrasses pas, Julie ? Tu sais qu'il est mon bon ami.

JULIE.

Oh ! avec un sensible plaisir. (*elle passe au milieu & embrasse Valbourg.*) Mais, quoi, vous paroissez chagrin. Ah ! Monsieur le Comte, je n'aurois jamais cru qu'on pût être triste auprès de ma bonne maman.

LA COMTESSE.

Aimable enfant, tu m'aideras à le consoler.

JULIE.

De bien bon cœur. Mais de quoi ?

LA COMTESSE.

Un procès, qu'il craint de perdre, l'inquiéte & l'afflige.

JULIE.

Eh ! pourquoi le perdroit-il ? Je suis bien sûre qu'il a bon droit

LA COMTESSE.

Comment cela ?

JULIE.

D'abord, parce qu'il est l'ami de ma bonne maman, & que tout ce qui l'approche doit avoir raison. Et puis c'est que M. le Comte est si bon, si modéré ! tenez, maman, je l'aime presque autant que vous.

VALBOURG.

Quelle aimable ingénuité !

JULIE.

Vous vous attendrissez davantage ! Je ne veux pas cela, M. le Comte. Je suis chargée de vous consoler, je veux vous faire oublier vos peines. Allons, regardez-moi. Souriez, souriez donc; faites quelque chose pour Julie.

VALBOURG, *la pressant dans ses bras.*

Oui, ma chere enfant, vous avez droit de tout obtenir de moi. Mais il est des chagrins que vous ne pouvez calmer, & qu'heureusement on ne connoît pas à votre âge.

JULIE.

Vous croyez cela, M. le Comte! J'ai mes chagrins aussi; mais quand ils me tourmentent, je fais bien vite les oublier.

LA COMTESSE.

Eh, que fais-tu pour cela?

JULIE.

Je viens près de toi, ma petite maman, je t'embrasse & je n'y pense plus.

VALBOURG.

Mais, ma chere Julie, quels sont ces chagrins? Je ne vois pas que vous puissiez en avoir de bien sérieux.

JULIE, *d'un ton fort piqué.*

Ce sont les vôtres, Monsieur, qui ne devroient plus vous affecter, lorsque maman & moi nous vous en prions. Quand je suis triste, ce n'est pas un malheureux procès qui m'occupe, moi. Ce sont des choses bien plus importantes; mais je me reprocherois de laisser voir mes larmes à maman, je sais qu'elles feroient couler les siennes. Vous n'êtes pas si délicat. Tenez, voyez, les vôtres redoublent.... Mais finissez donc; vous allez me faire pleurer aussi.

VALBOURG.

Ah! laissez-les couler ces larmes, dont je ne suis plus maître.... Mais, mon enfant, quels sont donc ces chagrins dont vous parlez avec tant d'intérêt?

JULIE, *baissant les yeux.*

Vous me le demandez! avec autant d'esprit peut-on ne pas les pressentir?

LA COMTESSE.

Parles, parles, mon enfant. Tu en as trop dit pour ne pas achever.

JULIE.

Ah! ma bonne maman, quand je te vois serrer ton fils dans tes bras, lui donner les noms les plus tendres, quand je le vois répondre à ta tendresse, crois-tu que mon cœur ne me dise rien? Ah! maman, pourquoi n'ai-je pas aussi des parens? Je saurois si bien les aimer.

VALBOURG, *à part.*

Mon cœur se brise.

LA COMTESSE.

Ma Julie, tu peux te plaindre de la fortune; mais de mon cœur.....

JULIE, *l'embrassant.*

Ah! ma bonne maman, je vous dois bien plus qu'à mes parens. Ils m'ont rejetée, abandonnée, peut-être encore qu'ils me haïssent.

COMEDIE.

Je ne leur demande ni rang, ni fortune ; mais ils me doivent leur tendresse : peuvent-ils m'en priver sans injustice ? Je m'en rapporte à vous, Monsieur le Comte, à vous qui avez tant de probité.

VALBOURG, *à part.*

Mon secret est prêt à m'échapper. (*haut.*) Julie !.... Ah ! croyez que vos parens.... s'ils existent.... s'ils vous ont vue..... s'ils vous connoissent.... combien ils doivent vous aimer.... combien ils doivent gémir. (*à la Comtesse.*) Mon cœur est déchiré.... Cet enfant me rappelle à chaque instant.... Julie.... votre pere.... il faut sans doute que des raisons bien fortes.... Il faut que des obstacles invincibles.... Je ne puis retenir mes larmes.... Sortons, Madame, sortons.... Ah ! jamais votre ami ne fut plus agité, plus attendri, plus malheureux !

SCENE VIII.

JULIE, *seule.*

Je ne voulois pas les affliger. Voilà la premiere fois que je parle de mon état, &.... il faut donc souffrir en silence, quand on a de vrais amis..... Voilà ma bonne maman sortie, son fils ne tardera pas à venir. Il me dit toujours qu'il m'aime, & je le crois ; mais à quoi cela nous conduira-t-il ? Je l'aime moi, de tout mon cœur ; mais je ne lui dirai jamais, car je sens bien que ma bonne maman ne peut pas consentir..... Le voilà. (*avec joie.*) Oh ! je savois bien qu'il viendroit.

SCENE IX.

D'ELMONT, JULIE.

D'ELMONT.

Quoi ! ma petite sœur, vous m'attendiez ?

JULIE.

Moi, Monsieur, pas du tout.

D'ELMONT.

Cependant j'ai cru entendre...... Craindriez-vous de me faire goûter un instant de bonheur ?

JULIE.

Au contraire, Monsieur, je serai toujours flattée de faire plaisir au fils de ma bonne maman. Ma reconnoissance me l'ordonne.

D'ELMONT.

Vous entendez bien ce que je veux dire, Mademoiselle ; mais votre cœur toujours insensible.....

JULIE.

Insensible, Monsieur ! Pourquoi calomniez-vous mon cœur ? Il est trop doux d'aimer pour que jamais il s'y refuse.

D'ELMONT.

Est-il bien vrai, ma Julie ? Vous rendez donc enfin justice à ma tendresse.... Quoi, vous m'aimez ?

JULIE.

Quelle question il me fait ! Je vous aime & je le dois. N'êtes-vous pas mon frere ? J'aime tous ceux qui me veulent du bien, moi.

D'ELMONT.

Et surtout M. de Valbourg, n'est-il pas vrai ?

JULIE.

Oh ! oui. Je l'aime à la folie.

D'ELMONT.

Je le crois. On ne passe pas des journées entieres avec quelqu'un qui nous seroit indifférent, Mademoiselle.

JULIE.

Pourquoi cet air piqué, Monsieur ? Combien en avez-vous passé avec lui sans que je vous en aie rien dit ?

D'ELMONT.

Je crois qu'il y a quelque distinction à faire, Mademoiselle.

JULIE.

Je n'en vois aucune, Monsieur.

D'ELMONT.

Pourquoi donc ne puis-je jouir du même avantage ? Vous savez combien ces momens me seroient précieux.

JULIE.

Oui, je crois que cela vous plairoit assez. Mais la chose n'est pas possible.

D'ELMONT.

Eh, par quelle raison ?

JULIE.

C'est que vous n'êtes pas M. de Valbourg.

D'ELMONT.

Me croyez-vous moins tendre, moins honnête, moins délicat que lui ?

JULIE.

Je vous crois un petit être à peu près parfait. C'est pour cela que je vous aime tant.

D'ELMONT.

Ah ! vous me plaisantez à présent.

JULIE.

Vous savez bien, mon petit frere, que j'en suis incapable.

D'ELMONT.

Mais, expliquez-vous donc, méchante fille que vous êtes, & ne me tourmentez pas davantage.

JULIE.

Voyez, je le tourmente à présent ! Mais comment faut-il faire pour avoir la paix avec vous ! C'est vous, Monsieur, qui êtes tourmentant.

D'ELMONT.

Oui, quand je vous parle de ma tendresse, n'est-il pas vrai, Mademoiselle.

JULIE.

En vérité vous renez tout de travers. Je me brouillerai avec vous.

D'ELMONT.
Oh ! non, ma chere petite sœur..... Mais c'est que vous avez quelquefois des caprices si piquans.....

JULIE.
Mais, où prenez-vous vos expressions, Monsieur ? Vous êtes aujourd'hui d'une humeur insupportable.

D'ELMONT.
Je suis peut-être plus insupportable encore que mes expressions & mon humeur.

JULIE.
De mieux en mieux, Monsieur. Vous avez une pénétration admirable.

D'ELMONT.
J'en ai assez pour lire au fond de votre ame.

JULIE.
Il n'en faut pas beaucoup pour cela, Monsieur. J'ai grand soin de dire tout ce que je pense.

D'ELMONT.
Oui, à M. de Valbourg, Mademoiselle.

JULIE.
A lui, à vous, & à tout le monde, Monsieur.

D'ELMONT.
Oh ! à moi ? permettez que j'en doute. Au reste, il est assez naturel d'être réservé avec ceux qui auroient des reproches à nous faire.

JULIE.
Je ne vous entends plus.

D'ELMONT.
Ma chere Julie, écoutez-moi, je vous en supplie.

JULIE.
Eh ! depuis une heure, je ne fais que cela.

D'ELMONT.
Dites-moi sérieusement que vous m'aimez.

JULIE.
Je ne plaisante jamais là-dessus.

D'ELMONT.
M'aimez-vous, Julie ?

JULIE.
De toute mon ame : je vous l'ai dit cent fois.

D'ELMONT.
Vous n'aimez donc pas M. de Valbourg ?

JULIE.
Eh ! pourquoi ne l'aimerois-je pas !

D'ELMONT.
La voilà qui m'échappe encore !

JULIE.
Vous voudriez donc que je n'aimasse que vous !

D'ELMONT.
Ce désir est assez naturel.

L'ORPHELINE,

JULIE.
Et pourquoi ?

D'ELMONT.
C'est que je vous ai donné mon cœur tout entier, & que vous me devez le vôtre : que l'amour est le seul prix qu'on puisse offrir à l'amour.

JULIE.
Eh bien, voyez que je suis simple. J'avois toujours cru que vous n'aviez pour moi que de l'amitié.

D'ELMONT.
Croyez-vous qu'on puisse long-temps s'en tenir à un sentiment aussi froid ?

JULIE.
J'en connois qui s'en contentent.

D'ELMONT.
En sont-ils plus heureux ?

JULIE.
Oh ! je ne sais pas.

D'ELMONT.
Il y a long-temps, ma chere Julie, que j'ai pour vous l'amour le plus tendre.

JULIE.
Vous êtes bien bon.

D'ELMONT.
Si je pouvois me flatter de vous le voir partager un jour ?

JULIE.
C'est une autre affaire.

D'ELMONT.
Si du moins vous vouliez dissiper les craintes qui m'agitoient tout à l'heure.

JULIE.
Il va encore me parler de M. de Valbourg.

D'ELMONT.
Avez-vous de l'amour pour lui ?

JULIE.
J'en suis bien éloignée.

D'ELMONT.
Puis-je le croire ?

JULIE.
Vous savez bien que je ne mens jamais.

D'ELMONT.
Cette assurance me rend mon repos.

JULIE.
Ah ! tant mieux, mon petit frere.

D'ELMONT.
Je me livre à l'espoir de toucher votre cœur, & d'en être uniquement chéri. Répondez moi.

JULIE.
C'est mon secret.

SCENE X.
Les Précédens, VERVILLE.

VERVILLE, *entrant étourdiment.*

Charmant tête à tête, en vérité ! Comment donc, cher Comte, tu t'échappes de ton appartement.... (*envisageant Julie.*) Mademoiselle, son empressement ne m'étonne plus ; vos yeux le justifient.

JULIE.

Mes yeux, Monsieur.

VERVILLE.

Je te sais bien bon gré de m'avoir conduit ici ; mais j'ai à me plaindre de toi. Comment, tu possedes un objet charmant, & depuis trois grands mois que nous nous connoissons tu me l'avois caché ! Oh, cela n'est pas bien. Mademoiselle, recevez au moins l'assurance de mes regrets. On ne peut vous voir sans être fâché de ne vous avoir pas vu plutôt.

JULIE.

Monsieur.... En vérité.... (*à part.*) Je ne sais que lui dire à celui-ci.

D'ELMONT, *bas à Verville.*

N'est-il pas vrai, mon ami, qu'elle est charmante ?

VERVILLE.

Oui, mon ami, charmante, c'est le mot. Mais je suis peut-être entré au moment intéressant de la conversation. Quelque plaisir qu'on trouve auprès de vous, Mademoiselle, si je suis de trop, je me retire. Il est des sacrifices qu'il faut faire à l'amitié.

JULIE.

Mais.... je....

VERVILLE.

Mademoiselle ne répond-elle jamais que par monosyllabes ? Il est bien doux de la voir ; mais il faudroit au moins l'entendre. Seroit-ce un excès de timidité qui tiendroit cette jolie bouche fermée ? Il faut vous en défaire, Mademoiselle, il faut vous en défaire. Je n'ai pas encore de droits bien réels à votre confiance ; mais cela viendra dans peu, je l'espere, & vous n'aurez plus avec moi cette réserve affligeante. Allons, ma belle enfant, mettez-vous à votre aise. Je ne crois pas mon aspect fort imposant.

JULIE.

Vous avez raison, Monsieur.

VERVILLE.

Elle est naïve au moins. C'est une fleur nouvellement sortie des mains de la nature ; mais qui a besoin d'être cultivée. Heureux le mortel que vous jugerez digne d'opérer votre métamorphose ! C'est la chere maman qui s'est chargée jusqu'ici de son éducation : je le vois à cet air excessivement décent. Mais, Mademoiselle, un pareil précepteur ne vous convient plus. Chaque chose a son temps. Vous m'entendez !

JULIE.

Non, Monsieur. Mais je vais rendre à Madame la Comtesse d'Elmont ce que vous m'avez fait l'honneur de me dire, & apprendre d'elle la maniere dont je dois répondre à des plaisanteries qu'on ne s'étoit pas encore permises avec moi.

SCENE VI.
VERVILLE, D'ELMONT.

VERVILLE.

Elle est un peu revêche, ta jolie Orpheline.

D'ELMONT.

Tu as été trop vîte, mon ami. Je te prie de la ménager davantage.

VERVILLE.

Ah! frippon, vous m'avez bien l'air de vouloir être son unique instituteur.

D'ELMONT.

Je t'avoue qu'elle m'est infiniment chere.

VERVILLE.

Et où en es-tu avec elle?

D'ELMONT.

J'espere m'en faire aimer avec le temps.

VERVILLE.

Charmante perspective, en vérité. Tu vas donc brûler d'une belle passion, sur l'espoir d'un retour incertain qu'on aura peut-être encore la cruauté de te cacher?

D'ELMONT.

Mais, que veux-tu que je devienne?

VERVILLE.

Heureux, mon ami, heureux. C'est par-là qu'il faut commencer.

D'ELMONT.

J'attenterai à son innocence! Je n'ai pas encore osé en concevoir l'idée.

VERVILLE.

Il est donc fort heureux que je sois venu ici pour te la donner.

D'ELMONT.

Tu trouveras bon que je la rejette.

VERVILLE.

Comme tu voudras. Mais crois-tu que tout le monde se piquera d'une semblable délicatesse? Tu m'as déjà parlé d'un Comte de Valbourg; c'est un égrillard, je sais de ses nouvelles. On m'a dit qu'il avoit fait des siennes autrefois. Il est vrai qu'il est un peu mûri depuis ce temps-là; mais le diable est si fin, & une vertu de quinze ans si foible!

D'ELMONT.

Ah! Marquis, qu'oses-tu dire! Julie est aussi sage qu'elle est belle, j'en suis certain. Pour le Comte, il m'avoit vivement inquiété; ma Julie vient de me rassurer.

COMÉDIE.
VERVILLE.
Comment cela ?
D'ELMONT.
Elle m'a protesté qu'elle ne l'aimoit pas.
VERVILLE.
D'après cela, tu dois être tranquille. Ces petits êtres-là ne trompent jamais.
D'ELMONT.
Puis-je soupçonner qu'à son âge....
VERVILLE.
Innocent! Son âge! en fait d'intrigue une femme est toujours majeure.
D'ELMONT.
Tu n'as pas du sexe une idée bien avantageuse. Mais, mon ami, il est d'heureuses exceptions.
VERVILLE.
Oui, mon ami, & tu ne dois pas douter que la nature n'en ait fait une en ta faveur.
D'ELMONT.
Cessons de plaisanter, Marquis. Ne peux-tu être raisonnable un moment?
VERVILLE.
Raisonner un moment! oh, c'est bien dur. N'importe, il faut faire quelque chose pour ses amis. Raisonnons donc; mais soyons brefs. Voyons, consultes-toi bien, & quand la nature de ton amour sera constatée, nous aviserons aux moyens de la couronner.
D'ELMONT.
Oh, mon amour est tout ce qu'il peut être.
VERVILLE.
C'est-à-dire violent dans toute la force du terme.
D'ELMONT.
Il est au dessus de l'expression.
VERVILLE.
Le mal est sérieux, il faut le guérir. D'abord je ne suppose pas que tu veuilles faire la grande folie?
D'ELMONT.
Et laquelle?
VERVILLE.
Epouser.
D'ELMONT.
L'épouser..... Ah! si j'osois..... si ma mere....
VERVILLE.
J'entends. Si tu étois ton maître.....
D'ELMONT.
Je ne balancerois pas.
VERVILLE.
Mais tu ne l'es pas, heureusement. Tu as un nom, un état, une fortune considérable, & par-dessus tout cela une mere à ménager. Tu vois que je raisonne comme un autre, quand je veux m'en mêler.

D'ELMONT.

Ma mere m'aime tant! On pourroit la preſſentir. Si tu voulois t'en charger?

VERVILLE.

Tu te moques de moi. Elle me riroit au nez, & me tourneroit les talons. Voilà probablement la réponſe que j'en tirerois. J'irois lui propoſer de t'unir à une petite fille, que tu ne regardes ſeulement pas, ſans ce minois chiffonné qui te tourne la tête! Si elle avoit de la naiſſance & cent mille livres de rente, je me chargerois de la commiſſion, & je pourrois réuſſir. Mais Julie, dénuée de tout cela, ne peut être ta femme. Faiſons-en donc ta maîtreſſe.

D'ELMONT.

La dégrader! l'avilir! Non, jamais.... Je voudrois ſavoir ce que penſe ma mere. J'ai tant de reſſources dans ſa tendreſſe.

VERVILLE.

Sais-tu à quoi te menera ton obſtination? Je vais te le dire. Ta mere, une fois dans le ſecret, prendra de ſages meſures, & fera bien. On te ménagera, on t'amadouera, tu ne ſoupçonneras rien, & un beau matin, on fera monter ta Julie en voiture, & on la conduira dans quelque province éloignée. Peut-être même l'officieux Valbourg ſe chargera-t il de la conduite. Non, mon ami, ce n'eſt pas ainſi que ſe menent les affaires.

D'ELMONT.

Je conçois que tu peux avoir raiſon.

VERVILLE.

C'eſt fort heureux. Il faut d'abord barrer le cher Valbourg dans ſes projets, s'il en a, ce qui eſt très-poſſible. Je connois la marche de ces vieux garçons. Ils s'introduiſent dans une maiſon, ſous le titre ſpécieux d'amis; peu à peu ils établiſſent leur empire; ils écartent les importuns, ne laiſſent voir qu'eux, ſe font voir ſouvent, rendent de fréquens ſervices, éloignent la défiance par un extérieur réſervé, auſtere même, ne préſentent leur amour que ſous l'innocente apparence de l'amitié, font naître enfin une ſécurité parfaite, & toujours maîtres de leurs ſens, attendent le moment favorable, le ſaiſiſſent, ſans qu'on ait prévu leur triomphe, & abandonnent enſuite la poulette à un jeune amant bien ardent, bien honnête, qui répare tout par un bon & ſolide mariage. Tu m'avoueras que ceci vaut la peine qu'on y penſe.

D'ELMONT.

Je ne ſais quel parti prendre. Ami cruel, ſi tu me montres le danger, indiques-moi les moyens de m'y ſouſtraire.

VERVILLE.

Voilà ce qui s'appelle parler. Dans l'état où je vois les choſes, il n'y a qu'un expédient.

D'ELMONT.

Et c'eſt....

VERVILLE.

D'enlever.

D'ELMONT.

Grand Dieu! Tourmenter une infortunée à qui je ne dois que des hommages! manquer cruellement à ma mere!

VERVILLE.

Aimes-tu mieux te manquer à toi-même? L'homme est né pour le plaisir. Le Rigoriste le laisse échapper. Le sage le fixe & s'embarrasse peu de l'opinion des sots. Au reste, je ne prétends pas te forcer à être heureux. Que les Valbourg & ses semblables commencent l'éducation de Julie, tu la finiras ensuite. Cette issue n'est pas plus flatteuse; mais c'est au moins la plus sûre.

D'ELMONT.

Tu me fais frémir. Tes raisons ne me paroissent pas convaincantes : cependant je n'ai rien de persuasif à leur opposer. Ton expérience, ton usage du monde, te donnent sur moi un ascendant que contredit ma raison & auquel je ne peux me soustraire.

VERVILLE.

Laisses-toi donc conduire, & saches t'en rapporter à des yeux plus clairvoyans que les tiens. Je t'ai donné un certain Picard qui doit te servir utilement dans ces sortes d'affaires. C'est un trésor dont je me suis privé pour toi. Pas de limier qui ait le nez aussi fin, pas de gibier qui lui échape. Ce drôle-là m'a rendu des services essentiels, & il est presqu'aussi capable que moi de guider ton inexpérience. Faisons-le venir, & donnons-lui ses instructions. Picard, Picard, Picard.

SCENE XII.

Les Précédens, PICARD.

PICARD.

Que veut Monsieur le Marquis?

VERVILLE.

Ecoutez-moi, M. Picard. Je vous ai ménagé l'occasion de prouver votre zele à votre nouveau maître. Il faut avoir les yeux ouverts sur les démarches du Comte de Valbourg, qui pourroit avoir des vues....

PICARD.

Oh! il en a, M. le Marquis. C'est moi qui vous l'assure.

D'ELMONT.

Que dis-tu? Q'as-tu vu?

PICARD.

Je n'ai pas besoin de voir les choses, moi, Monsieur, pour être instruit. J'ai le tact fin. Quand l'on sort de chez M. le Marquis, on possede la quintessence du métier.

D'ELMONT.

Qu'as-tu donc remarqué enfin?

PICARD.

Soupirs étouffés, regards furtifs, contenance embarrassée en présence de Madame la Comtesse. Teint animé, œil perçant dans le tête à tête, voilà ce que j'ai saisi.

D'ELMONT.
Tout ajoute à mes alarmes. Faut-il la perdre ! Ah ! Julie, t'oublierois-tu à ce point !

PICARD.
Je viens d'entrer dans le cabinet de Madame, je n'y avois point affaire ; mais je savois que Mademoiselle Julie & M. de Valbourg y étoient seuls, & j'aime à savoir ce qui se passe.

D'ELMONT.
Acheves, parles, qu'y faisoient-ils !

PICARD.
Ils sont assis l'un à côté de l'autre. M. de Valbourg tient les mains de Mademoiselle Julie dans les siennes. Mademoiselle Julie a la tête baissée, & ses larmes coulent sur les mains de M. de Valbourg.

D'ELMONT.
C'en est trop, c'en est trop. Il faut rompre leur entretien. Non, cours, entre dans les antichambres. Fais grand bruit, prends quelque prétexte pour rentrer dans le cabinet. Ne les perds plus de vue. Tu me réponds de tout.

PICARD.
Mais si M. de Valbourg s'aperçoit que je l'observe, & qu'il se permette.... là.... vous m'entendez bien ?

D'ELMONT.
Mes bienfaits t'en dédommageront. Obéis.

SCENE XIII.
VERVILLE, D'ELMONT.
VERVILLE.
Eh bien, mon ami, avois-je tort ! Ta jeunesse, ta candeur te font tout voir en beau, & sans moi.... Ah ! voilà ta respectable maman.

SCENE XIV.
Les Précédens, LA COMTESSE.
LA COMTESSE.
Voulez-vous bien me permettre, M. le Marquis, d'avoir avec mon fils un entretien particulier.

VERVILLE.
Moi, Madame, je ne me suis jamais opposé aux plaisirs de personne. D'ailleurs la maternité a des droits sacrés. Je me retire & vous laisse moraliser à votre aise.

SCENE XV.
D'ELMONT, LA COMTESSE.
LA COMTESSE.
Mon fils, je suis mécontente, & je pourrois vous faire des reproches. Ecoutez-moi. Vous vous êtes indiscrettement lié avec

M. de Verville. J'ai combattu votre amitié naissante, vous n'avez pas écouté mes conseils. Bien-ôt cet homme est devenu votre unique ami, & vous avez négligé pour lui votre mere, & M. de Valbourg, à qui vous avez des obligations.

D'ELMONT, *à part.*

Ah! Valbourg!

LA COMTESSE.

J'ai renouvelé mes prieres, vous n'y avez répondu qu'en m'amenant M. de Verville dans mon château. Ayez des amis dignes de vous, mon fils, & je me ferai un plaisir de les mettre au rang des miens. Pour celui-ci, il ne convient ni à vous, ni à moi, ni à Julie. Comment vient-il de se comporter avec elle? De quelle façon vient-il de nous quitter? J'ai lieu de le croire aussi léger en morale qu'en procédés, & si je vois juste, quels dangers ne courez-vous pas avec un tel homme! Que de larmes il prépare peut-être à votre mere!

D'ELMONT, *embarrassé.*

Ah! Madame! vos craintes.... si vous connoissiez mon cœur...

LA COMTESSE.

Je n'ai jamais douté de votre cœur; mais je crains tout de votre excessive facilité. Mon ami, votre âge est celui de la confiance: on ne songe pas à se garantir des vices qu'on ne connoît pas encore. Mais peu à peu on s'éloigne de ses devoirs, on les oublie, on les méprise, la perversité gagne, entraîne, & les remords restent seuls à celui qui n'auroit dû sentir que le témoignage d'une bonne conscience.

D'ELMONT.

Ah! ma mere, quel tableau vous m'offrez! Seroit-il possible qu'en effet je devinsse vicieux? Ah! Verville, pourrois-tu m'égarer?

LA COMTESSE.

N'en doutez pas, mon fils. L'air que respire un homme sans mœurs est empoisonné, & la vertu la plus pure perd en l'approchant de trop près sa fraîcheur & son éclat. Quel peut être l'objet de vos longs & fréquens entretiens?... Vous vous taisez, mon fils. Vous craignez de rougir devant moi. Il est des aveux pénibles qu'une mere ne doit pas entendre; mais nous avons un ami commun, sage, discret, à qui vous pouvez vous ouvrir. M. de Valbourg.....

D'ELMONT, *avec indignation.*

Me confier à lui, ma mere! Non, jamais.

LA COMTESSE.

Qu'entends-je? l'auroit-on déjà calomnié près de vous? Tremblez. Si l'on cherche à vous rendre sa vertu suspecte, on a juré votre ruine.

D'ELMONT, *hors de lui.*

Sa vertu!... malheureuse Julie!

LA COMTESSE.

Vous refusez de vous confier à moi, à M. de Valbourg? Votre réserve m'afflige, je ne vous le cache pas. Voilà le premier chagrin que vous me causez, d'Elmont, laissez-moi du moins espérer qu'il ne sera suivi d'aucun autre. J'exige que vous rompiez entièrement avec M. de Verville. C'est le seul moyen de m'assurer de vous. On s'y prendra de maniere à ne pas vous compromettre. Si une lettre, que M. de Valbourg attend ce matin, ne rend pas ici ma présence nécessaire, j'irai dîner avec Julie au château de Tourville. Vous nous donnerez la main. M. de Valbourg restera avec le Marquis. Il vous excusera facilement près de lui, & saura adroitement nous en défaire. Tu me feras ce sacrifice, n'est-il pas vrai, mon ami ? Tu le dois à ma tendresse. C'est le fatal ascendant que cet homme a pris sur toi qui me ferme ton cœur ; mais son empire détruit, celui de la nature & de la vertu va renaître. Nous dînerons ensemble ? Julie y sera. C'est ta petite sœur, tu l'aimes.... viens, mon fils, viens, mon ami. (*Elle l'embrasse & sort avec lui.*)

Fin du premiere Acte.

ACTE II.

SCENE PREMIERE.
JULIE, VALBOURG.

JULIE.

Oui, M. le Comte, c'est d'amour qu'il m'aime, & il vient de me le dire.

VALBOURG.

Et c'est la premiere fois qu'il vous le dit ?

JULIE.

Oui, mais je m'en étois bien aperçue.

VALBOURG.

Et l'aveu qu'il vous en a fait ne vous a pas déplu ?

JULIE.

Au contraire. Il est si aimable !

VALBOURG.

Vous l'aimez donc aussi ?

JULIE.

Oh ! j'en suis folle.

VALBOURG.

Le sait-il ?

JULIE.

Il ne le saura jamais.

VALBOURG.

Et pourquoi ?

JULIE.

Voulez-vous que je chagrine ma bonne maman ? Mais tenez, si j'en dis davantage.....

VALBOURG.

COMEDIE.

VALBOURG.

Parlez, parlez, mon enfant; accordez-moi votre confiance. Je n'en suis pas indigne.

JULIE.

Vous voyez bien que je ne vous cache rien. Ce n'est pas que je veuille avoir des secrets pour maman; mais si je peux lui épargner des inquiétudes.... Vous pensez bien, M. le Comte, que je ne dois pas penser à être la femme de son fils.

VALBOURG.

Julie, vous ne vous connoissez pas encore.

JULIE.

Hélas! non. C'est ce qui me fait désespérer.....

VALBOURG.

Un jour de plus peut apporter un grand changement dans votre situation.

JULIE, *vivement*.

Quoi! maman auroit-elle vu.... penseroit-elle ... Ah! M. le Comte, je vois bien que vous savez tout. .. Dites-moi donc.... parlez, parlez, mon bon ami, soulagez mon cœur. Pense-t-on vraiment à me faire épouser mon petit frere? Quelle bonté! quelle générosité!

VALBOURG.

Je ne crois pas, mon enfant, qu'on en ait formé le projet. Mais la chose ne me paroît pas absolument impossible.

JULIE.

Mais quels moyens employer? Je n'en vois aucun qui....

VALBOURG.

Je les vois pour vous, Julie, & je les mettrai en usage quand il sera temps.

JULIE.

Quoi! vous me promettez.....

VALBOURG.

Je ne promets rien. Je m'engage seulement à vous aider de tout mon pouvoir.

JULIE.

Mais cela sera-t-il bien long, M. le Comte? Je voudrois déjà que la chose fut faite.

VALBOURG.

Modérez-vous, mon enfant. Je crois qu'à quinze ans on peut attendre.

JULIE.

Oh! ce n'est pas pour moi que je suis pressée. J'attendrois tant qu'on voudroit.

VALBOURG.

Quel motif vous engage donc.....

JULIE.

C'est l'intérêt de mon petit Comte qui me détermine. Il voudroit être sans cesse avec moi, & je ne peux pas honnêtement me prêter à cela, n'est-ce pas, mon ami? Si nous étions mariés, je ne le quitterois pas un instant, & j'empêcherois bien M. de

Verville, qui, avec sa permission, est un impertinent, je l'empêcherois bien d'obséder mon mari & de chagriner sa bonne mère. Pauvre petit frere, je te rendrois la vie si douce, je t'aimerois tant, je te caresserois tant, que tu n'aurois pas, pas une minute à donner à tes amis.

VALBOURG.

Chere enfant, tu me rendrois à la gaité, si j'en étois susceptible. Conserves-là long-temps cette candeur, gage d'une ame sensible & pure. Espérons, ma Julie. Le ciel n'abandonnera pas l'innocence qu'il aime. O mon Dieu, dérobes-là à la malignité de ses ennemis.

JULIE, *surprise.*

J'ai donc des ennemis, M. le Comte!

VALBOURG.

De bien cruels, mon enfant.

JULIE.

Je n'ai jamais fait de mal à personne.

VALBOURG.

Leur haine n'en est pas moins active.

JULIE.

Peuvent-ils empêcher mon mariage?

VALBOURG.

J'espere que non.

JULIE.

En ce cas je leur pardonne. Mais allez donc, M. le Comte, allez trouver ma bonne maman, & vous lui direz: Julie & d'Elmont s'aiment. Cette pauvre Julie n'est rien, n'a rien; mais elle a un bon cœur, & elle voudroit le partager entre vous & votre fils.

VALBOURG.

Je parlerai, Julie, je parlerai aujourd'hui, peut-être, j'ose m'en flatter. (*Ici d'Elmont & Verville paroissent dans le fond, & écoutent.*) J'approuve votre discrétion envers Madame & son fils. Ne confiez à personne ce que nous venons de nous dire. Je ne négligerai rien, soyez-en persuadée, pour assurer votre bonheur.

JULIE.

Ah! comme je vous aimerai!

VALBOURG.

Comme nous nous aimerons!

JULIE.

Vous seule pouviez faire ma félicité.

VALBOURG.

Aimable enfant, c'est toi qui doit faire la mienne.

JULIE.

Ah! quand nous serons mariés....

VALBOURG.

Rien ne manquera à mes vœux.

JULIE.

Que vous êtes bon! que vous êtes aimable! embrassez-moi, mon ami. (*d'Elmont fait un mouvement: le Marquis le retient & l'emmene.*)

VALBOURG.

Ah! Julie, quel sentiment tu me fais éprouver! Pourquoi la plus pure des jouissances est-elle empoisonnée par des craintes! Tu serois malheureuse!... Ah! qui pourra prétendre au bonheur, s'il n'est pas ton juste partage?

SCENE II.
JULIE, *seule.*

Qu'il est honnête! qu'il est doux! quel intérêt il prend à moi! c'est bien le digne ami de ma bonne maman. Voilà mon petit d'Elmont. Oh! ce vilain Marquis est encore avec lui. Il me déplaît. Personne ne l'aime ici.

SCENE III.
JULIE, VERVILLE, D'ELMONT.
VERVILLE.

Vous voilà seule, belle enfant. Je suis surpris qu'on vous ait sitôt quitté. J'aperçois dans vos yeux certaine langueur qui annonce le plus haut degré de sensibilité. La conversation étoit animée, selon les apparences.... Encore muette? Peu de gens, à ce qu'il me semble, ont l'art de vous faire parler.

JULIE.

Autant que je le peux, Monsieur, je n'ai de conversation suivie qu'avec ceux que j'estime. (*Elle sort.*)

SCENE IV.
VERVILLE, D'ELMONT.
VERVILLE.

A travers cette innocence prétendue, remarques-tu combien elle est piquante? Tu as la manie de la croire un enfant, & moi je la soupçonne.....

D'ELMONT.

Je ne sais qu'en penser. Je me perds dans mes conjectures. Il est des instans où je crois tout, parce que je crains tout. Si j'interroge mon amour, je frémis. Si je consulte ma raison, je ne peux la croire coupable.

VERVILLE.

Dis donc au contraire que ta raison la condamne & que ton fol amour l'excuse. Insensé! peut-on porter l'aveuglement jusqu'à démentir le témoignage de ses yeux & de ses oreilles? Tu viens de les entendre se prodiguer les expressions les plus tendres; tu les a vus se permettre les caresses les moins équivoques, & tu doutes de ton malheur! Que dis-je? C'est ce qui pouvoit t'arriver de plus heureux. Abandonnes-la à son amour ridicule. Sois homme, & oublie-la.

D'ELMONT.

Eh, le puis-je, cruel ami? Ne vois-tu pas qu'en me retraçant ses torts, tu enfonces dans mon cœur le trait qui le déchire déja. C'est à Valbourg qu'on me sacrifie! J'approuve votre discrétion envers Madame d'Elmont & son fils, vient de dire le séducteur. Ma mere ne sait donc rien, & nous sommes tous également joués par cet homme.... Ma fureur est au comble. Ah! Julie, Julie, tu renonces à ta propre estime!... Malheureuse! c'étoit le seul bien que la Providence t'eût laissé, & tu t'en dépouilles sans pudeur.

VERVILLE.

Il ne suffit pas de s'emporter, de se plaindre, il faut prendre un parti.

D'ELMONT.

Il est pris. Je vais trouver ma mere, je lui dévoilerai des attentats....

VERVILLE.

Qu'elle ne voudra pas croire. Quelle force aura le témoignage d'un jeune homme de dix-huit ans, combattu par quelqu'un, qui depuis quatorze ans jouit d'une confiance sans bornes? Crois-moi, plus ta mere est vraie, moins elle ajoutera de foi à tes paroles.

D'ELMONT.

Je sens cela. Mais ce mariage dont ils parloient....

VERVILLE.

Appâts grossiers, que saisit une fille ambitieuse, qui brûle de sortir de son obscurité.

D'ELMONT.

Mais le moyen que tu m'as proposé est odieux. Ma mere, ma bonne mere!... avec quelle indulgence elle me traitoit il n'y a qu'un moment!

VERVILLE.

Ta jeunesse me servira d'excuse.

D'ELMONT.

Eh! qui lui restera pour essuyer ses larmes, si elle est trahie par Valbourg & par moi?

VERVILLE.

La raison. Crois-tu qu'elle tienne excessivement à cette petite fille?

D'ELMONT.

Mais si les suites.....

VERVILLE.

Et quelles suites as-tu à craindre? En supposant que notre espiéglerie fut découverte, qu'en arriveroit-il? Est-ce ta mere qui te poursuivroit? Seroit-ce les parens de Julie, que personne ne connoit. Allons, l'homme aux scrupules, laissez-vous persuader.

D'ELMONT.

Oh! ma mere, ma mere!

VERVILLE.

Oh! laisses donc tes ennuyeuses réflexions. Si je t'écoute, nous ne finirons rien. Nous allons monter à cheval. Nous irons bien doucement, bien sensément jusqu'au bout des avenues. Ensuite

COMÉDIE.

d'un train de galop, nous pouſſons juſqu'à Paris, où ta belle
viendra te joindre ce ſoir.

D'ELMONT, *étonné.*

Ce ſoir !

VERVILLE.

Eh oui, frippon, ce ſoir. Je n'aime pas les affaires qui traînent
en longueur.

D'ELMONT.

Mais.... je ne ſais.... ſi....

VERVILLE.

Mais.... ſi.... Tout eſt dit, tout eſt convenu. Holà, quelqu'un.

SCENE V.

Les Précédens, VERVILLE, UN VALET.

VERVILLE.

Qu'on appelle Picard. (*Le Valet ſort.*)

SCENE VI.

VERVILLE, D'ELMONT.

VERVILLE.

Heureux coquin ! Une fille de quinze ans, jolie comme les
amours, un vieux rival déſolé, & perdant le fruit de ſes ruſes !
quelles jouiſſances ! ajouter à cela l'agrément de débuter dans le
monde par un enlevement. Un enlevement à ton âge, eſt un trait
d'héroïſme, qui ſera conſignée dans les faſtes de la galanterie, &
qui te met au pair de ce que nous avons de mieux parmi nos jeunes
gens.

SCENE VII.

Les Précédens, PICARD.

VERVILLE.

Monsieur Picard, courez à Paris, raſſemblez les coquins de
votre connoiſſance qui vous ſervent dans vos grandes entrepriſes.
Vous les placerez avec une voiture dans le petit bois qui eſt
auprès du château de Tourville, & ce ſoir, quand la Comteſſe
& Julie reviendront.....

PICARD.

Ah ! j'entends, Monſieur. On s'emparera de la jeune perſonne,
& on la conduira, où ?

VERVILLE.

A Paris, à ma petite maiſon, où nous allons vous attendre. Si
ces dames ne ſortoient pas aujourd'hui, vous viendriez nous
avertir. Vous voyez quelle confiance on a en vos talens, tâchez
de la juſtifier.

PICARD.

Oh ! M. le Marquis ſait bien.....

VERVILLE.

Il est de bonne heure, nous ne sommes qu'à une lieu de Paris, tout cela peut s'arranger facilement. (*à d'Elmont.*) A propos, as-tu de l'argent ?

D'ELMONT.

Mais.... pas assez....

VERVILLE.

Je t'en fournirai. Idolâtre du plaisir, j'ai toujours senti que l'or en est le mobile, & le désir de prolonger mes jouissances, m'a rendu économe. Dans tous les temps, je peux disposer de mille louis ; ils sont à ton service. M. Picard, de la discrétion & de l'activité. Il y a pour vous cinquante louis de pot-de-vin, sans ce que vous ne manquerez pas de voler sur les frais journaliers. Allons, mon ami, allons, vîte à cheval. (*Il emmene d'Elmont.*)

SCENE VIII.
PICARD, *seul.*

IL y a pour vous cinquante louis de pot-de-vin, sans ce que vous ne manquerez pas de voler sur les frais journaliers. Ma foi, la perspective est riante, & bien sûrement je ne ferai pas mentir M. le Marquis.... Si les mille louis me passent par les mains, ah ! ma Louison, quelle récolte j'irai déposer à tes pieds !... En vérité ! ce petit Comte d'Elmont est une cire molle, dont le Marquis fait ce qu'il veut.... Nous allons donc enlever.... enlever !... Je ne sais pas trop si mon inflexible Louison.... Non, elle ne me le pardonnera pas. C'est une fille à principes, cette Louison, pensant & raisonnant d'après les êtres sublimes qui habitent ce château. Diable emporte, si je ne suis souvent tenté de rire de mon attachement pour cette péronnelle. Son grand sérieux, ses grands mots sont d'un plaisant achevé, & tout cela me tourne la tête. Si j'obéis au Marquis, je me brouille avec elle ; mais à n'en jamais revenir.... Non, je ne me brouillerai pas ; je ne veux pas être infracteur au traité de ce matin.... D'un autre côté, si je me confie à Louison, & qu'elle s'avise de jaser, je me fais des affaires avec M. le Marquis, & je perds une somme.... Je ne peux m'y déterminer. L'amour a beau faire, je ne céderai pas. D'ailleurs, je suis homme d'honneur, moi ; je ne trahirai pas mon maître.

SCENE IX.
PICARD, LOUISON.
LOUISON.

TE voilà seul !

PICARD.

Pas du tout. Je m'entretenois avec toi.

LOUISON.

Avec moi !

PICARD.

Sans doute, tu ne me sors pas un instant de la cervelle.

COMEDIE.
LOUISON.
M. Picard est galant.
PICARD.
Je suis vrai. (à part.) Qu'elle est jolie ! quel chagrin de renoncer à cela !
LOUISON.
Que marmotes-tu là-bas ?
PICARD, à part.
Mais mon argent, un argent que je tiens, pour ainsi dire, le laisserai-je échapper ?
LOUISON.
M. Picard, pour un valet de chambre du bon ton, vous ne savez pas vivre.
PICARD, à part.
Oui, ma Louison, ou de l'argent; il faut opter.
LOUISON, impatientée.
Picard ! Picard !
PICARD.
Au moment où je suis à toi. (à part.) L'or est bien séduisant.... mais Louison.... Ah ! Louison est bien tentante. Malheureuse alternative ! l'amour & l'intérêt.... à laquelle des deux divinités faut-il donc rendre hommage ? (à Louison.) Regardes-moi, friponne. Quel œil ! qu'il est beau ! qu'il est doux ! qu'il est expressif !... Tu souris !... Ah ! c'en est fait, tu l'emportes, & je te sacrifie ma fortune.
LOUISON.
Je crois qu'en ce genre nos sacrifices ne seront pas pénibles.
PICARD.
Le mien me coûte en diable. Deux cents louis au moins, mon enfant, deux cents louis que je foule aux pieds, que je ne veux pas prendre la peine de ramasser.
LOUISON.
Je ne t'aurois pas cru désintéressé à ce point-là.
PICARD.
Ma foi, ni moi non plus. Tu ne douteras plus du pouvoir de tes charmes, puisqu'ils opérent des prodiges.
LOUISON.
Mais, expliques-toi donc ?
PICARD.
C'est-là le difficile.... Je te vois d'avance froncer le sourcil.... Cependant il faut parler.... car.... tout ce que je te dis ne t'a rien appris encore.
LOUISON.
Finis ton galimathias.
PICARD, à genoux.
Tiens, Louison, je vais commencer mon récit par te demander pardon.
LOUISON.
Et de quoi ?

PICARD.
D'avoir perdu de vue un moment nos conventions de ce matin.
LOUISON.
M. Picard, vous avez machiné quelque sottise.
PICARD.
Non, je n'ai pas le mérite de l'invention.
LOUISON.
Mais celui de l'exécution?
PICARD.
Ecoutes donc, on ne gagne pas deux cents louis les bras croisés. Il a bien fallu promettre d'agir un peu. Eh! comment s'en défendre? Tu n'étois pas là; & que n'y étois-tu? Un seul de tes regards m'eût empêché de succomber à la tentation.
LOUISON.
Au fait, au fait, au fait.
PICARD.
Pardonnes-tu?
LOUISON.
Oui, puisque tu n'as fait que promettre, & que tu as assez de probité pour t'en repentir. Je te crois de la disposition à devenir honnête homme.
PICARD, *se levant.*
Tu me fais bien de l'honneur.
LOUISON.
C'est avec ce Marquis de Verville que tu t'es gâté ainsi. Je parie qu'il sera pour quelque chose dans ce que tu vas me dire.
PICARD.
Oh, c'est vraiment un terrible homme, ma Louison. Il m'a chargé.....
LOUISON.
Il t'a chargé.....
PICARD.
D'enlever.....
LOUISON.
D'enlever.....
PICARD.
Mademoiselle Julie.
LOUISON, *éperdue jusqu'à la fin de la scene.*
Julie! oh! le scélérat! le monstre! Il n'y a pas un instant à perdre. Je cours avertir Madame.
PICARD.
Eh, attends donc. Je te dis que c'est moi qui doit l'enlever, & tu vois bien que je ne l'enleve pas. Ecoutes moi.
LOUISON.
Parles vîte.... vîte.... enlever ma Julie!
PICARD.
Oui, ce soir à son retour du château de Tourville.
LOUISON.
Elle n'ira pas.... non, elle n'ira pas.... j'empêcherai qu'elle n'y aille.... L'infame! quel moyen il ose employer!.... Ah!
c'étoit

COMEDIE.

c'étoit le seul qu'il put prendre. Julie ne l'auroit jamais écouté.

PICARD.

Mais le Marquis ne l'aime pas.

LOUISON.

Il ne l'aime pas & il l'enleve!

PICARD.

Ce n'est pas pour lui.

LOUISON.

Et pour qui donc? Parles.... parles.... tu me fais mourir d'impatience.

PICARD.

Pour le Comte d'Elmont qui en est fou.

LOUISON.

Quoi, il a déjà perverti ce jeune homme.... Je cours, je vole dire tout à Madame.

PICARD.

Mais moderes-toi donc. De la maniere dont tu t'y prends, tu vas répandre l'alarme dans tout le château. Si le Marquis apprends que j'ai parlé.... il n'est pas plaisant, ce Monsieur-là.

LOUISON.

Je me contiendrai, mon bon Picard, je me contiendrai.... Je penserai à ta sureté.... Tu es un digne garçon.... Je t'aime à présent de toute mon ame. (*Elle l'embrasse.*) Adieu, mon petit Picard, adieu, mon ami. (*Elle sort.*)

SCENE X.

PICARD, *seul.*

Adieu, mon petit Picard, adieu, mon ami, deux baisers avec cela, & en voilà pour mes deux cents louis. C'est payer en grand Seigneur.... Je crois qu'avec tout mon esprit je viens de faire une école. Ma foi, ce n'est pas la faute de mon esprit, si je suis amoureux; c'est celle de mon cœur, & on pardonne toutes les bévues qui partent de là. Un cœur foible, un cœur tendre, un cœur ardent ont servi d'excuse aux plus grands hommes: pourquoi n'aurois-je pas la même prérogative, moi qui n'ai pas la sotte prétention de m'illustrer en combattant mes passions !.... Mais le Marquis ne se rendra pas à la solidité de mon raisonnement. Comment me tirer de là ?... Eh, parbleu, rien n'est plus aisé. J'ai été indiscret par amour, je serai vertueux par nécessité. Mon aveu à Louison me donne des droits à l'estime de Madame d'Elmont & de Monsieur de Valbourg; je me mettrai sous leur protection, & je ne craindrai plus rien du Marquis.... Mon début dans cette maison m'y donnera même une certaine consistance. J'y serai cité comme un modele d'honnêteté, tandis que.... oh ! combien d'actions, vertueuses en apparence, & qui n'ont eu pour principe que des motifs purement humains. Voici M. de Valbourg. Empaumons d'abord celui-ci : flattons sa passion dominante.

E

SCENE XI.
PICARD, VALBOURG.
VALBOURG, rêvant.

Non, depuis ce matin je n'ai pas été un moment à moi. Je vais, je viens, mes inquiétudes, mes alarmes me poursuivent par-tout. (*Il tire sa montre.*) Voici l'instant.... Je serois encore rendu au Palais, & j'entendrois.... l'arrêt de ma mort, peut-être... Non, je ne sortirai pas d'ici. J'y serai plus fort entre ma fille & mon amie.

PICARD, *dans le fond.*
Il est dans les grandes réflexions. Approchons.

VALBOURG, *se promenant.*
Ma Julie, ce jour pourroit mettre le comble à ta félicité.

PICARD, *à part.*
Et à la sienne.... Il ne m'aperçoit pas.

VALBOURG.
Il me seroit si doux de serrer des nœuds aussi bien assortis !

PICARD, *à part.*
Oh ! par exemple, il n'y a pas d'excès dans les convenances.... Monsieur.....

VALBOURG.
De satisfaire à la fois la reconnoissance & l'amour.

PICARD.
Il ne voit rien, n'entend rien. Cette petite Julie a tourné toutes les têtes. (*plus haut.*) Monsieur.

VALBOURG.
Ah ! vous voilà, mon ami. Louison m'a dit du bien de vous. Je vous recommanderai à Madame d'Elmont. Elle est un peu prévenue contre vous ; mais elle est juste, & si vous êtes honnête en effet, ces petits nuages se dissipent.

PICARD.
Je serai trop heureux, Monsieur, de devoir à vos bontés les bonnes graces de Madame. J'espere bien aussi vous devoir celles de Mademoiselle Julie.

VALBOURG.
Julie ! Je ne vois pas quelles raisons.....

PICARD.
Je ne suis pas indigne de sa bienveillance, & si j'étois homme à me vanter, vous conviendriez qu'elle m'a déjà quelque obligation ; mais on ne sauroit tirer vanité de ce qu'on fait pour elle. On en est déjà payé par le plaisir de lui être utile.

VALBOURG.
Mais, quel art a-t-elle donc pour se faire aimer ?

PICARD.
Ah ! ce n'est point un art.

VALBOURG.
Il est vrai. Elle ne connoit que la nature, & si elle plait, c'est sans le savoir.

PICARD.
Nous désirons tous la voir heureuse.
VALBOURG.
Je vous remercie de vos sentimens pour elle. Vos vœux seront peut-être remplis.
PICARD.
Nous l'espérons bien. Un établissement solide....
VALBOURG, *souriant avec complaisance.*
Oui, je m'en occuperai.
PICARD.
Ah! Monsieur, c'est à vous qu'est réservé le plaisir d'établir sa fortune.
VALBOURG, *à part.*
Ce garçon me paroit avoir le cœur excellent.
PICARD.
Ce n'est pas un amour intéressé qui vous guide.
VALBOURG.
Que veux tu dire?
PICARD.
Que votre choix est excellent, que tout le monde vous approuvera.
VALBOURG.
Vous m'étonnez, mon ami; qui a pu vous confier!...
PICARD.
Personne au monde, Monsieur. Quelques mots entendus par-ci, par-là, des gestes, des regards; l'amour se cache difficilement à un œil observateur.
VALBOURG.
Soyez vrai. Le Comte d'Elmont vous a-t-il fait confidence de son amour?
PICARD.
Oui, Monsieur.
VALBOURG.
Et il vous a chargé de le servir?
PICARD.
Oui, Monsieur; mais Mademoiselle Julie m'est trop chere pour la compromettre aussi cruellement.
VALBOURG.
La compromettre!
PICARD.
D'ailleurs, c'est une fille très formée pour son âge du côté de la raison & du jugement. Elle n'aime pas les jeunes gens. Oh! elle pense mûrement.
VALBOURG.
Je vois, mon ami, que vous ne savez rien, & que vous voudriez tout savoir. Défaites-vous de cette manie, elle vous nuiroit ici. Les domestiques y sont doucement traités; mais on n'entend pas qu'ils veuillent pénétrer ce qu'on ne juge pas à propos de leur découvrir. Avez-vous fait part de vos observations à quelqu'un?

PICARD.

Non, Monsieur.

VALBOURG.

Gardez un silence rigoureux sur Julie, le Comte d'Elmont & moi. Je vous sais gré de votre attachement pour cette jeune personne; mais je ferois punir une indiscrétion, comme je saurai reconnoître votre docilité. Allez, mon ami. (*Picard se sauve.*)

SCENE XII.

VALBOURG, *seul.*

Ce valet occupé sans cesse d'intriguer avec Verville, se laisse encore aller à la force de l'habitude. Je vois, par quelques mots qui lui sont échappés, qu'il a pris le change sur la nature de mes sentimens pour Julie. Il a raison, une affection vive se décele toujours. Heureux encore qu'on n'en connoisse pas la source, & que mon secret me soit resté!

SCENE XIII.

VALBOURG, LA COMTESSE.

LA COMTESSE.

Ah! mon ami, venez à mon aide.... Consolez-moi.... Conseillez-moi.... aidez-moi à supporter le plus grand des malheurs pour une bonne mere, celui d'avoir un fils vicieux.

VALBOURG.

Il ne l'est pas, Madame, on ne change pas en aussi peu de temps.

LA COMTESSE.

Il a vu mes tendres alarmes, il a résisté à mes prieres. Sa mere, presque suppliante, n'a pu lui arracher le secret de son crime qu'un valet vient de découvrir. Pere trop tendre, vous craignez de pleurer la naissance de votre enfant. Au moins ses vertus peuvent la faire oublier, que deviendrai-je si mon fils déshonore la sienne!

VALBOURG.

Vous m'effrayez à mon tour, Madame. Que se passe-t-il donc?

LA COMTESSE.

Mon fils épris pour Julie d'un amour effréné, a oublié ce qu'il se doit à lui-même, ce qu'il me doit à moi, ce qu'il doit à une fille, qui devoit être sacrée pour lui. Il a formé le projet d'un rapt.....

VALBOURG.

Il n'est pas coupable, Madame. On ne passe pas ainsi de l'innocence au comble de la perversité. Le projet n'est pas de lui.

LA COMTESSE.

Je le crois comme vous. Mais qu'importe comment se commet le crime, s'il est effectivement commis?

SCENE XIV.
Les Précidens, JULIE.

JULIE, *se jetant dans les bras de la Comtesse.*

Eh! ma bonne maman, protégez-moi, secourez-moi, sauvez-moi.

LA COMTESSE.

Quoi, Louison t'auroit elle avoué....

JULIE.

Pouvoit-elle me le cacher? Elle m'aime tant! Je la voyois souffrir, je lui offrois mes bons offices, & c'est sur moi..... d'Elmont, Verville.... que leur ai-je fait! Il adore l'un, & je ne connois pas l'autre. Ont-il le droit de me mépriser, parce que je ne suis rien! Il suffit d'être malheureux pour être tourmenté, même par ceux qui nous sont chers.

LA COMTESSE.

Dissipes tes craintes, mon enfant. N'es-tu pas près de moi?

JULIE.

Ah! vous le voyez, maman, votre protection n'a point arrêté votre fils. Il sent trop le méchant que je ne tiens à vous que par les liens de la commisération, & qu'il peut tout oser avec une pauvre fille, qui n'a pour armes que son innocence. Ah! ma foiblesse même auroit dû lui inspirer des sentimens.... D'ailleurs, me connoit-il? Sait-il si je n'ai pas aussi des parens, si je ne les connoîtrai pas un jour, s'il ne sera pas forcé de leur rendre compte de ses attentats? Pardonnes-moi, maman, je t'afflige en accusant ton fils..... Mais il a navré mon cœur, & le sentiment de mon outrage me donne une force que je ne me connus jamais. Ma mere, mon bon ami, vos larmes coulent..... *(passant au milieu.)* Ah! que j'y mêle les miennes.... Nous voilà trois à pleurer un forfait, dont aucun de nous n'est coupable, & que je n'oublierai jamais.

VALBOURG.

Julie!

LA COMTESSE.

Calmes-toi, consoles-toi.

JULIE.

Je ne veux plus revoir l'auteur de ma peine.... Je sortirai de cette maison..... Madame, vous m'avez arrachée à la misere, j'aurai le courage d'y rentrer, si personne ne peut m'avouer. Que dis-je? depuis quatorze ans, vous devez avoir eu quelqu'indice de ma naissance. Si vous en savez quelque chose, parlez, je vous en prie, je vous en conjure. Vous ne pouvez vous taire plus long-temps.

LA COMTESSE.

A quel point son ame est exaltée! Mon ami, aidez-moi à calmer ses alarmes.

JULIE.

Seriez-vous instruit, M. le Comte? quelle cruauté vous engage au silence ! Ayez pitié de moi, conduisez-moi aux genoux de mon pere ; que je vous doive le plaisir de l'embrasser pour la premiere fois.

VALBOURG.

Enfant malheureux, peut-être le connoitrez-vous trop tôt.

JULIE.

Quel qu'il soit, je l'aurai connu trop tard pour mon honneur & mon repos.

VALBOURG.

S'il avoit à se plaindre de la fortune ?

JULIE.

Ah ! tant mieux, je travaillerois pour lui.

VALBOURG.

Vous ne m'entendez pas, si votre pere avoit éprouvé des malheurs ?

JULIE.

Je l'en consolerois.

VALBOURG.

Si vous aviez des reproches à lui faire ?

JULIE.

Cela ne se peut pas.

VALBOURG.

Qu'il eut des torts envers vous ?

JULIE.

En l'embrassant, je les oublierois.

VALBOURG, *la pressant dans ses bras.*

Aimable & cher enfant, tu mérites de vaincre. Quel que soit l'événement, je ne résiste plus. Oui, Julie, vous avez un pere, & vous êtes dans ses bras.

JULIE.

Ah ! ma bonne maman, si j'avois pu le choisir, je n'en aurois pas voulu d'autre que votre ami.

LA COMTESSE.

Cher Valbourg !

VALBOURG.

O ma fille, ma chere fille.... Ce n'est plus un étranger qui te presse contre son sein. C'est un pere, un tendre pere..... Ah ! mes maux sont finis.

SCENE XV.

Les Précédens, UN LAQUAIS.

UN LAQUAIS.

Un exprès arrivé de Paris à toute bride, m'a rendu cette lettre pour M. le Comte.

VALBOURG.

Donnez, & laissez-nous.

SCENE XVI.
VALBOURG, LA COMTESSE, JULIE.

VALBOURG *regarde tour à tour la lettre & Julie, va pour rompre le cachet, & donne enfin la lettre à la Comtesse.*

Voila mon fort, le tien.... cette lettre,... Ah! comme mon cœur.... Je n'en ai pas la force.... Tenez, décachetez & lisez.

LA COMTESSE, *lisant.*

« Monsieur, vous venez de gagner votre procès.... »
Ah! Julie! ah! mon ami!

VALBOURG.

Je me meurs.... ô mon Dieu, je t'en rends graces.... Ma fille... mon amie.... que de bienfaits à la fois!

LA COMTESSE, *lisant.*

« Monsieur, vous venez de gagner votre procès, & je me
» hâte de vous l'écrire. Tout Paris applaudit à un jugement si
» désiré de tous les honnêtes gens. Je vous instruirai des détails
» quand j'aurai l'honneur de vous voir. »

JULIE.

Je le savois bien, moi, qu'il ne pouvoit pas avoir tort.

VALBOURG.

Non, puisque je travaillois pour toi. Quel jour que celui-ci! ma chere Julie, tu n'en connois pas encore l'importance. Mais qu'il soit à jamais présent à ta mémoire.

JULIE.

Puis-je oublier l'instant qui m'a rendu mon pere?

VALBOURG.

Ma chere, ma digne amie, je sens l'étendue de mes obligations envers vous. Vous pouvez y ajouter encore.

LA COMTESSE.

C'est moi qui vous devrai tout. Votre aimable fille fera le bonheur de mon fils.

JULIE.

Dis donc, maman, que c'est lui qui fera le mien. Il m'a fait bien du mal aujourd'hui, mais je n'ai plus la force d'être fâchée. (*En embrassant son pere.*) Je suis toute à ma tendresse.

VALBOURG.

Où est votre fils?

LA COMTESSE.

Il est monté à cheval avec le Marquis.

VALBOURG.

Et comment avez-vous découvert?...

LA COMTESSE.

Picard chargé de l'exécution a tout avoué à ma femme de chambre.

VALBOURG.

Son aveu prouve une ame sensible, & je crois qu'on peut s'en fier à lui, il faut amener votre fils à sentir de lui-même toute l'énormité de sa faute, à s'apercevoir qu'une confiance sans bornes peut conduire au crime, & qu'un jeune homme doit toujours être en garde contre son propre cœur.... Il me vient une idée.... Oui.... Madame, je crois que vous l'approuverez : elle exige de vous un peu de complaisance ; mais la leçon sera forte & votre fils ne l'oubliera jamais.

LA COMTESSE.
Faites, mon ami ; j'abandonne tout aux soins de votre prudence.

JULIE.
Oui, mais n'allez pas le chagriner, car je l'avertirois de tout. Je ne veux pas qu'il ait un moment de peine. Je viens d'éprouver ce qu'on souffre, quand le cœur n'est pas à son aise.

VALBOURG.
Sois tranquille, mon enfant, nous l'aimons autant que toi. Holà, quelqu'un. (*Un laquais paroit.*) Faites venir Picard. Plus j'y réfléchis, plus ce moyen me paroit sûr. L'inutilité d'un crime ajoute encore aux remords. Comme il va se repentir ! Comme il va maudir son ami & sa coupable facilité !

SCENE XVII.
Les Précédens, PICARD.
VALBOURG.
Approchez, Picard, votre conduite mérite des éloges & on ne s'en tiendra pas là. Madame la Comtesse sait ce qu'on doit à un domestique fidelle, & vous vous applaudirez de ce que vous avez fait. Que votre aveu à Louison soit un secret entre nous. Agissez comme si vous ne m'aviez pas parlé. Exécutez les ordres de votre maître.

PICARD.
Quoi, Monsieur, vous m'ordonnez sérieusement d'enlever Mademoiselle à son retour du château de Tourville.

VALBOURG.
Oui, & pour faciliter vos projets, Julie ira seule à Tourville. Madame la Comtesse & moi nous resterons ici. Nous avons des affaires.

JULIE.
Non, je ne vous quitterai pas. C'est un parti bien pris.

VALBOURG.
Mon enfant, vous connoissez ma tendresse, croyez que je ne vous exposerai pas.

PICARD.
En vérité je n'en reviens pas. Quoi, Monsieur, vous voulez absolument.....

VALBOURG.
Que vous obéissiez à Madame au nom de qui je vous parle en ce moment. Exécutez de point en point les ordres de votre maître. (*à Julie.*) Ne crains rien pour toi ni pour d'Elmont. (*à la Comtesse.*) Vous saurez mes projets, vous les approuverez. (*à Julie.*) Courage & confiance. (*à la Comtesse.*) Résolution

& fermeté. (à *Picard*.) Docilité, secret, & promptitude. (à *la Comtesse & à Julie*.) Venez & soyez sûres que tout réussira.

SCENE XVIII.
PICARD, seul.

Je ne suis pas au courant des choses. Le plus fin se perdroit dans ses conjectures.... On m'offre de l'argent pour enlever Julie; je crois faire un acte unique de zele & de désintéressement en avouant tout, & ceux à qui j'avois cru rendre un service essentiel, m'ordonnent de suivre mes premiers ordres.... Il y a ici une complication.... une opposition d'intérêts qui... que.... Voilà une affaire diablement embrouillée. C'est tout ce que j'y vois. Qu'ils s'arrangent après tout. J'obéirai à tout le monde, je servirai tout le monde, je tirerai de l'argent de tout le monde, & si on le veut, j'enleverai tout le monde.

Fin du second Acte.

ACTE III.
Le Théâtre représente un Boudoir.

SCENE PREMIERE.
VERVILLE, D'ELMONT.
VERVILLE.

Eh bien, mon ami, te voilà dans de grandes aventures. Tu viens de faire le premier pas vers l'immortalité. Ta docilité m'enchante. Quel dommage de laisser sous l'aile maternelle un jeune homme qui annonce d'aussi heureuses dispositions ! Eh quoi, toujours rêveur, toujours sentimental ? Allons, mon ami, sors de ta léthargie, & prépare-toi à célébrer dignement l'arrivée de ton adorable.

D'ELMONT.

Verville, tu vas me trouver ridicule; tu vas me railler; mais je ne peux te cacher ce que je sens. J'éprouve des remords....

VERVILLE.

Au moment du bonheur ! Voilà des remords bien placés. Mais la vue de ta belle les fera évanouir. Ses grands yeux languissans vont te rappeler à l'amour.

D'ELMONT.

Et c'est mon amour même qui fait mon tourment. Plus Julie m'est chere, plus je lui trouve de charmes, & plus je me reproche.....

VERVILLE.

De t'être assuré ta conquête.

D'ELMONT.

Et ma mere qui aura voulu en vain la défendre. Je la vois faire des efforts superflus pour la retenir, maudire celui qui l'arrache d'entre ses bras, le charger de malédictions, qu'il mérite sans doute. Puisse-t-elle ignorer long-temps....

VERVILLE.

Je compte bien qu'elle ne le saura jamais. Tu es servi par le plus adroit coquin de Paris, entreprenant, actif & discret. Tu peux tous les jours faire une escapade, venir passer quelques heures ici, & t'en retourner tranquillement au château administrer des consolations à Madame ta mere.

D'ELMONT.

Me jouer de sa douleur! joindre à mes premiers torts la bassesse de l'hypocrisie! ah! je voudrois en ce moment tomber aux pieds de ma mere & lui dire : j'ai médité un crime que mon cœur désavoue. Je viens en mériter le pardon par un aveu sincere & par mon repentir.

VERVILLE.

Tu as d'excellentes idées, mon ami. Il falloit m'en faire part un peu plutôt, nous n'aurions dérangé personne. Mais remontons à cheval, allons au-devant de la voiture, nous ramenerons Julie en triomphe au château d'Elmont, &....

D'ELMONT.

Le conseil que tu me donnes est le meilleur, peut-être, que j'aie reçu de toi.

VERVILLE.

Eh bien, mon ami, il faut le suivre, & puisque tu es en train de préparer des harangues, tu diras : Monsieur de Valbourg, vous qui avez trompé ma mere, Julie & moi, j'aime bien mieux être la dupe de ma candeur, que de ravir à vos séductions une fille que vous voulez tromper. La voilà, je vous la ramene, suivez vos projets, & moi....

D'ELMONT.

Arrêtes, Marquis, qu'oses-tu me proposer? Moi, la remettre au pouvoir de cet homme! J'aimerois mieux la voir descendre au tombeau.

VERVILLE.

Au tombeau! toujours dans les extrêmes....

SCENE II.

Les Précédens, PICARD, en postillon.

PICARD.

Place, place au Seigneur Mercure. Je me suis montré, j'ai parlé, j'ai enlevé.

VERVILLE.

La jeune personne....

PICARD.

Est à deux cents pas d'ici, docile comme un agneau. Ce n'étoit pas la peine de prendre tant de précautions. A la premiere sommation elle a changé d'équipage, & comme elle n'étoit accompagnée de personne, que nous n'avons été vus de personne, j'ai renvoyé une partie de son escorte & nous sommes entrés à Paris à petit bruit; & sans être remarqués.

VERVILLE.
Et qu'a-t-elle dit?

PICARD.
Pas un mot; il n'est pas possible de montrer plus de résignation.

VERVILLE.
Ni de trouver une fille plus silencieuse.

D'ELMONT.
Les grandes douleurs sont toujours concentrées, la sienne a dû s'exhaler....

PICARD.
Par des signes fort équivoques, en vérité. Quelques soupirs adressés à je ne sais qui, des gonflemens de poitrine ressemblans à je ne sais quoi.

D'ELMONT.
Et c'en est assez pour m'alarmer. A qui auroit elle confié sa peine? A ceux qui auroient eu la cruauté d'en jouir. O ma chere Julie, que je me sens coupable en pensant à l'état où tu dois être.... Je suis décidé.....

VERVILLE.
A quoi?

D'ELMONT.
A la ravir à Valbourg, que je méprise, que je déteste, & que je ne veux plus ménager.

VERVILLE.
A merveille.

D'ELMONT.
Mais aussi, je saurai respecter sa jeunesse, j'essuyerai ses larmes, ou j'y mêlerai les miennes, & je n'ajouterai pas à ma premiere faute l'horreur d'accabler sa foiblesse, & de me préparer des regrets éternels.

VERVILLE.
Enlever une fille pour sauver sa vertu, voilà un trait digne de l'ancienne Rome dans les beaux jours de la République. Mais, mon ami, tu n'y penses pas.

D'ELMONT.
Pardonnez-moi, Monsieur; mais la confiance a ses bornes. On peut involontairement manquer aux usages; mais on ne blesse la probité qu'avec connoissance de cause.

PICARD.
J'entends le carrosse.

VERVILLE.
Vas la recevoir, tu la conduiras ici.

SCENE III.
VERVILLE, D'ELMONT.
D'ELMONT.

DE quel front m'offrir à sa vue? comment soutenir sa présence? ah! Verville, que je souffre!

VERVILLE.

Je le conçois sans peine. Le premier moment est difficile pour un jeune homme qui n'a encore rien vu. Mais je suis là, & je vais vous mettre tous deux à votre aise.

D'ELMONT.

De l'honnêteté, mon ami, de la décence.

VERVILLE.

Oui, oui, mon cher.

D'ELMONT.

C'est la preuve d'amitié la plus précieuse.....

VERVILLE.

Que je puisse te donner. J'entends, j'entends.

D'ELMONT.

On vient.... C'est elle.... Je suis tout tremblant.... Je ne me soutiens qu'à peine. *(Il se jette dans un fauteuil.)*

SCENE IV.
VERVILLE, LA COMTESSE, *voilée & vêtue des habits de Julie;* PICARD, *conduisant la Comtesse, & se retirant après l'avoir remise à Verville;* D'ELMONT.

VERVILLE. *Il va prendre la Comtesse des mains de Picard, & la conduit à un fauteuil, où elle s'assied.*

AH! voilà notre charmant prisonnier. Vous nous pardonnerez, ma belle enfant, ce que votre petit voyage a d'irrégulier. Nous rendrons votre captivité si douce, que vous oublierez les charmes de la liberté. Mais pourquoi ce voile, cette calèche? La laideur a pu seule en imaginer l'usage.

D'ELMONT.

J'atteste l'honneur & l'amour de ne vous offrir mes sentimens qu'avec les respects & les égards que je dois à la beauté malheureuse.

VERVILLE.

Plaisant serment!

D'ELMONT.

Je le tiendrai.

VERVILLE.

Cela ne se peut pas.

D'ELMONT.

Vous le verrez.

VERVILLE.

Mais pendant que nous passons le temps à pointiller, la petite personne garde obstinément son sang froid, le silence & son

COMEDIE. 45

masque. Permets, d'Elmont, que je leve ce voile impénétrable.
D'ELMONT.
Sans son aveu ?
VERVILLE.
Parbleu, je n'en ai que faire. (*Il leve le voile.*)
D'ELMONT.
Ma mere !... c'est la foudre. (*Il retombe dans son fauteuil.*)
LA COMTESSE, à *Verville*.
J'ai voulu voir à quel point un homme sans principes peut porter l'oubli des mœurs. Vous avez cru, Monsieur, faire adopter votre systême à la faveur d'un peu de jargon. Mais je connois mon fils, son erreur ne peut être de longue durée. Il sent déjà le vuide des principes affreux que vous lui avez inculqués. Vous vous efforcez en vain de déguiser ce qu'ils ont d'odieux, vous voulez vainement vous faire illusion à vous-même : vos folies multipliées ne peuvent tenir contre une lueur de vérité. Au moment où je vous parle, vous êtes terrassé par la présence d'une mere que vous n'attendiez pas. (*Verville sourit.*) Vous souriez, Monsieur ! Le rire amer du vice est sans force quand il a perdu son masque, & qu'il est combattu par la nature & la probité.
VERVILLE.
Vous me traitez bien durement, Madame. Je suis chez moi & je ne vois pas quels sont vos droits.....
LA COMTESSE.
Mes droits sont ceux qu'aura toujours la vertu d'en imposer au crime.
VERVILLE.
Vous me dites sans doute de très-belles choses; mais, Madame, ce vain étalage ne m'étourdit pas. Je sais réduire tout cela à sa juste valeur; au reste, d'Elmont, je t'abandonne ma petite maison & t'autorise à en faire les honneurs à quiconque en voudra prendre possession.

SCENE V.
LA COMTESSE, D'ELMONT.
LA COMTESSE.

CET homme est incurable, oublions-le à jamais. Eh bien, mon fils, vous l'entendez déjà ce premier cri d'une ame coupable. Un regard de votre mere vous anéantit. Que seroit-ce donc, si n'écoutant qu'une juste sévérité, je me livrois à tout le ressentiment qui pourroit m'animer ? Que le vice est bas ! Qu'il est méprisable ! Il vous dégrade à vos propres yeux ; il vous ôte le courage d'implorer votre pardon, & de le mériter.
D'ELMONT.
Il ne m'ôtera pas du moins la force de tomber à vos pieds & d'y attendre mon arrêt.
LA COMTESSE.
Voilà où t'a conduit ta fatale amitié. L'enfant le plus tendre & le plus chéri, ne voit plus dans sa mere qu'un juge menaçant. Il

est à ses genoux quand il devroit être dans ses bras. Il n'a plus même de confiance dans cet amour qui ne s'est jamais démenti. Malheureux! ton aveuglement iroit-il jusqu'à te faire douter de mon cœur? Rentre en toi-même, redeviens mon fils & tu retrouveras ta mere. Je ne suis ici que pour te faire sentir ta faute & te la pardonner.

D'ELMONT.

Pourrai-je me le pardonner moi-même?... Ah! ma mere, je ne suis pas armé contre tant de bontés.... Vous m'accablez sous le poids de mon crime. Votre indulgence ajoute à mes remords.

LA COMTESSE.

Ecoutes-les, mon fils. C'est par eux qu'un cœur coupable se r'ouvre à la vertu; mais gardes-toi d'y succomber. Le découragement énerve l'ame & lui ôte cette énergie, qui peut lui rendre sa pureté. Il est cruel de faillir; mais il est beau de réparer une faute. Leves-toi, mon ami, mes bras te sont ouverts.

D'ELMONT.

Suis-je digne d'y cacher ma honte?

LA COMTESSE.

Oui, si tu veux l'effacer.

D'ELMONT, *l'embrassant*.

Ah! Madame, quel excès de tendresse!... Comment la reconnoître?

LA COMTESSE.

En me regardant comme ta meilleure amie. Tu me le dois ce titre précieux, dont je suis si digne, & que Verville a profané. Méchant enfant, que ne parlois-tu ce matin? que ne m'ouvrois-tu ton cœur? Tu ne m'aurois pas coûté des larmes, tu n'en aurois pas arraché à Julie.

D'ELMONT.

A Julie!... Dieux!... Elle connoîtroit un attentat....

LA COMTESSE.

Dont elle étoit loin de te croire capable & que Picard t'a empêché de consommer. J'en ai rougi dans l'instant, je rougis encore de l'aveu que j'en fais; mais ton valet a eu aujourd'hui plus de probité que toi. Tu dégradois une innocente, qui n'a eu envers toi d'autre tort que de t'aimer, tu la livrois au mépris de Verville, à l'insolence & peut-être aux outrages de ses gens. (*d'Elmont se jette dans les bras de sa mere.*) Ah! d'Elmont, d'Elmont, je t'ai pardonné, je ne m'en repens pas; mais n'oublies jamais les malheurs que tu allois causer.

D'ELMONT.

Les oublier, ma mere! non, jamais. Ah! un amour effréné pouvoit seul m'étourdir sur mon crime.

LA COMTESSE.

Le crime étoit-il le seul moyen qui put te rendre heureux? T'aurois-je refusé une fille aimable & vertueuse, que je regarde comme mon enfant?

D'ELMONT.

Quoi, ma mere, vous me l'auriez donné!

COMEDIE.
LA COMTESSE.
Qu'ai-je cherché que ton bonheur depuis que tu respires?
D'ELMONT.
Ah! Julie.... Julie me pardonnera-t-elle? Madame, je n'espere qu'en vous. Plus je l'ai outragée, plus je ferai d'efforts pour me rendre digne d'elle.
LA COMTESSE.
Voilà la noble ambition où je reconnois mon fils. Oui, mon ami, Julie se rendra à mes prieres ; je crois pouvoir m'en flatter.
D'ELMONT.
Moi, Madame.... (*avec timidité.*) Valbourg..... Je l'ai vu.... je l'ai entendu......
LA COMTESSE.
Il est des cas où l'homme sage ne doit s'en rapporter ni à ses yeux, ni à ses oreilles. Quarante ans d'une conduite irréprochable, mon amitié & mon estime étoient des titres qui devoient démentir l'évidence même. Vous frémirez, jeune homme, quand vous connoîtrez l'étendue de vos torts envers cet homme respectable.
D'ELMONT.
Ah! Madame, il suffit que vous l'aimiez encore pour qu'il soit justifié.... Cependant ces caresses de Valbourg ont quelque chose de suspect.
LA COMTESSE.
Eh bien, Monsieur, puisque mon témoignage n'est pas suffisant pour vous désabuser, apprenez tout. Apprenez que ces caresses qui vous alarment tant ont leur source dans la nature.
D'ELMONT.
De grace, expliquez-vous.
LA COMTESSE.
Cet homme qui parloit de l'établissement de Julie, ne s'occupoit que de vous. Il pensoit au moyen d'unir votre sort à celui de cette aimable enfant. Cet homme qui la pressoit dans ses bras, se livroit au plaisir innocent d'embrasser une fille digne de lui, & c'est l'amour paternel que vous avez osé calomnier & proscrire.
D'ELMONT.
Julie seroit sa fille!
LA COMTESSE.
Et sa fille légitime. C'est Mademoiselle de Valbourg, c'est son pere que vous avez outragé.
D'ELMONT, *éperdu.*
Ah! malheureux que je suis.... Je n'ose penser aux horreurs..... Dieu! que je suis coupable!

SCENE DERNIERE.
LA COMTESSE, JULIE, VALBOURG, D'ELMONT.
VALBOURG.
Vous ne l'êtes plus, jeune homme; votre faute étoit de Verville, votre repentir est de vous.

D'ELMONT.

Ah ! Monsieur.... ah ! Mademoiselle.... Je suis confondu.... anéanti.... Quoi ! Monsieur, vous ne m'accablez pas de reproches !

VALBOURG.

Des reproches quand on se repent !

JULIE.

Quand on a été égaré par un faux ami ?

D'ELMONT. *Il veut se jeter aux genoux de Valbourg, qui le releve.*

Monsieur, je tombe à vos genoux. Ma réparation ne peut être trop forte ni trop authentique ; si vous saviez avec quelle légéreté je vous ai jugé, avec quelle rigueur j'ai prononcé contre vous !

VALBOURG.

Monsieur, je n'en suis pas surpris. La jeunesse est inconsidérée. Mais ne soyez pas plus sévere envers vous, que je ne veux l'être moi-même. Madame la Comtesse vous a dit tout ce qu'elle devoit vous dire : oublions le passé & embrassez-moi, mon gendre.

JULIE.

Tu vois comme mon pere est bon. Consoles-toi, mon ami, & sois toujours mon frere, jusqu'à ce que tu deviennes mon mari.

D'ELMONT.

Ce titre précieux est-il fait pour moi ?

JULIE.

Oui, puisque tu m'aimes, & que tu me promets d'être sage.

D'ELMONT.

J'en fais serment entre tes mains. C'est en t'adorant toute ma vie, que j'expierai des forfaits.....

JULIE.

Oh ! je t'en prie, ne parles plus de cela. Mon pere oublie tout, je l'oublie de même. Sois heureux, mon petit frere, je souffrois de te voir souffrir encore.

D'ELMONT.

Ah ! ma mere !... ah ! Monsieur !... ah ! ma Julie !... Je ne sais comment exprimer.... Qu'il est doux de suivre la vertu & de lui devoir son bonheur ! Non, je n'aurai plus une pensée, que je ne la confie à ces êtres respectables. Ils me sauveront des écueils de mon âge, & si jamais je sens les atteintes du vice, je me rappellerai ce jour d'épreuve, & je serai rendu à ma femme, à ma mere, & à mon ami.

FIN.

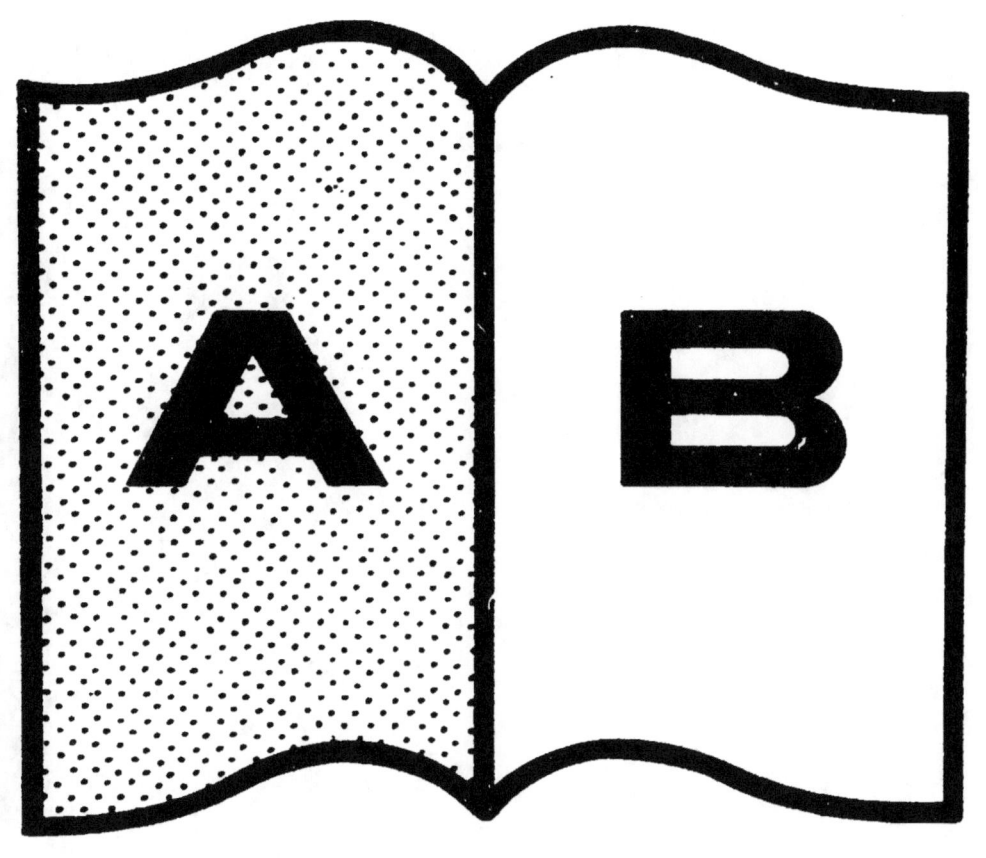

Contraste insuffisant

NF Z 43-120-14

www.ingramcontent.com/pod-product-compliance
Lightning Source LLC
LaVergne TN
LVHW022212080426
835511LV00008B/1721